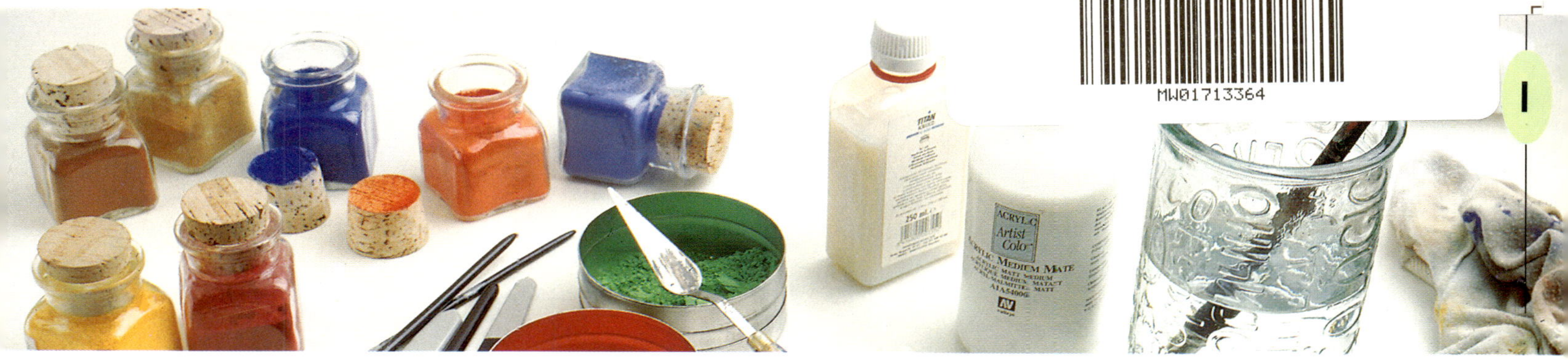

Introduction

Les couleurs acryliques ont été inventées au milieu du XIXe siècle, mais leur commercialisation ne se développa pas avant le début du XXe siècle, et uniquement à des fins industrielles. L'emploi de la peinture acrylique par les artistes à partir des années soixante est lié à l'histoire de la peinture contemporaine.

Les couleurs acryliques sont particulièrement stables. Des œuvres réalisées il y a plusieurs dizaines d'années ont gardé toute leur fraîcheur.

La peinture acrylique peut être transparente comme l'aquarelle ou opaque comme la gouache.

La peinture acrylique se dilue à l'eau, donc sans odeur. Son temps de séchage est très rapide : quelques minutes. On peut peindre sur une première couche sans attendre et ainsi travailler dans la continuité. En cas d'erreur, en agissant rapidement, on efface avec une éponge humide. Pour certains travaux, on peut ralentir le temps de séchage en ajoutant à la peinture des médiums retardateurs.

L'acrylique offre une grande plasticité. En séchant, la peinture reste souple, ce qui permet de superposer des couches épaisses. En ajoutant des charges (*modeling paste*, poudre de marbre, sable, sciure...) on obtient des effets de matière et de texture. La peinture ne craquelle pas dans le temps.

Les différentes réalisations réunies dans ce livret montrent plusieurs manières d'aborder la peinture acrylique. Vous découvrirez les avantages et les facilités qu'offre cette technique : rapidité de séchage, donc de travail, transparence ou opacité de la matière, éclat des couleurs.

Ce livret propose 12 modèles très différents. Pour ne pas noyer le lecteur sous un flot d'explications, nous avons donné la priorité à l'image : le modèle photographié, l'élaboration du tableau en six ou sept étapes, des gros plans. Le texte souligne brièvement quelques points pour accompagner le lecteur dans ses recherches.

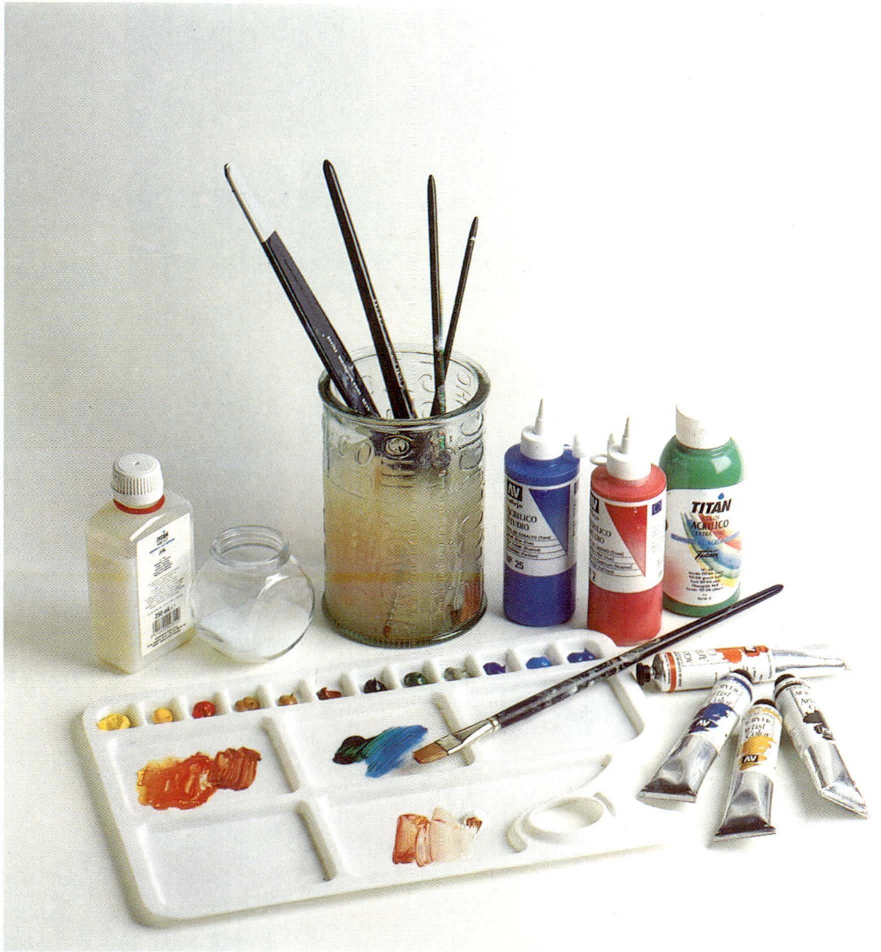

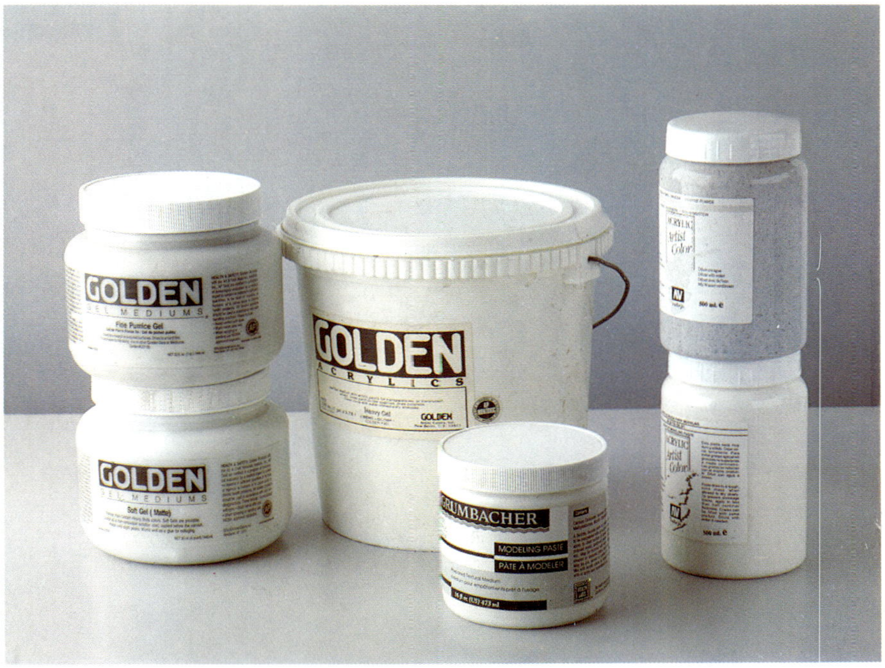

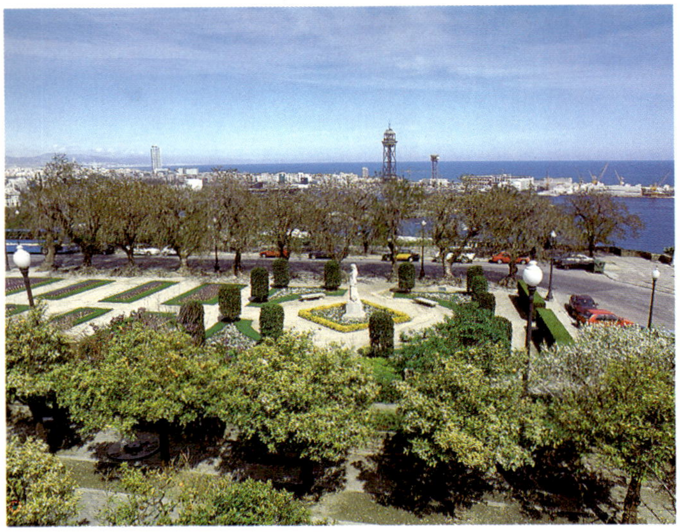

MODÈLE 1

Jardin public

Ce jardin public photographié en surplomb présente un étagement de plans horizontaux. La zone centrale est la plus éclairée tandis que les ombres foncées des arbres au premier plan donnent de l'assise à la composition.

Pour rendre l'atmosphère chaude et colorée de ce paysage, nous vous conseillons de préparer différents mélanges sur la palette, d'appliquer rapidement les touches sur la toile, en gardant à l'esprit que l'acrylique sèche assez vite.

▼ **1.** Au fusain, délimitez les différents plans par des horizontales : ligne d'horizon en haut, bord de la route au centre, allée au premier plan. Dessinez les volumes des arbres et les éléments de la composition. Peignez le ciel avec un mélange de bleu outremer, de blanc avec une pointe de carmin.

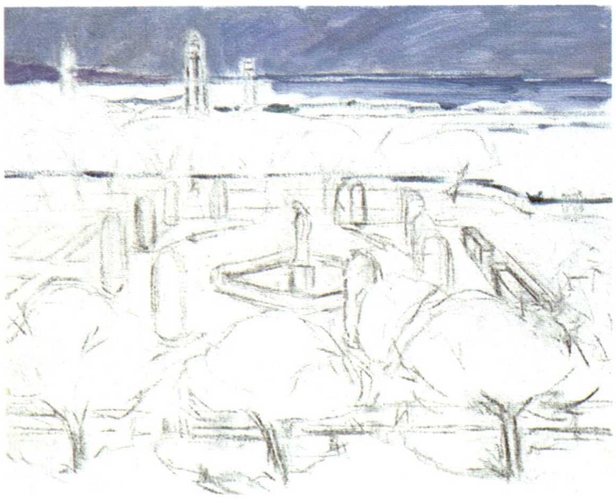

► **2.** Peignez la mer, en bleu outremer clair, puis les cyprès avec un vert permanent et un vert émeraude. Pour matérialiser le sable, utilisez un mélange de blanc, de rouge et d'orangé.

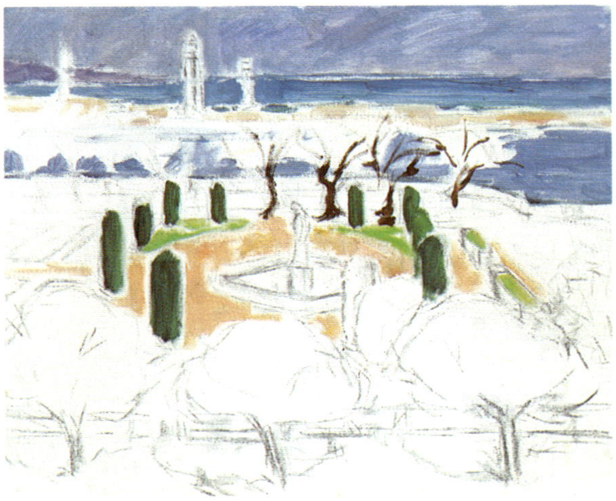

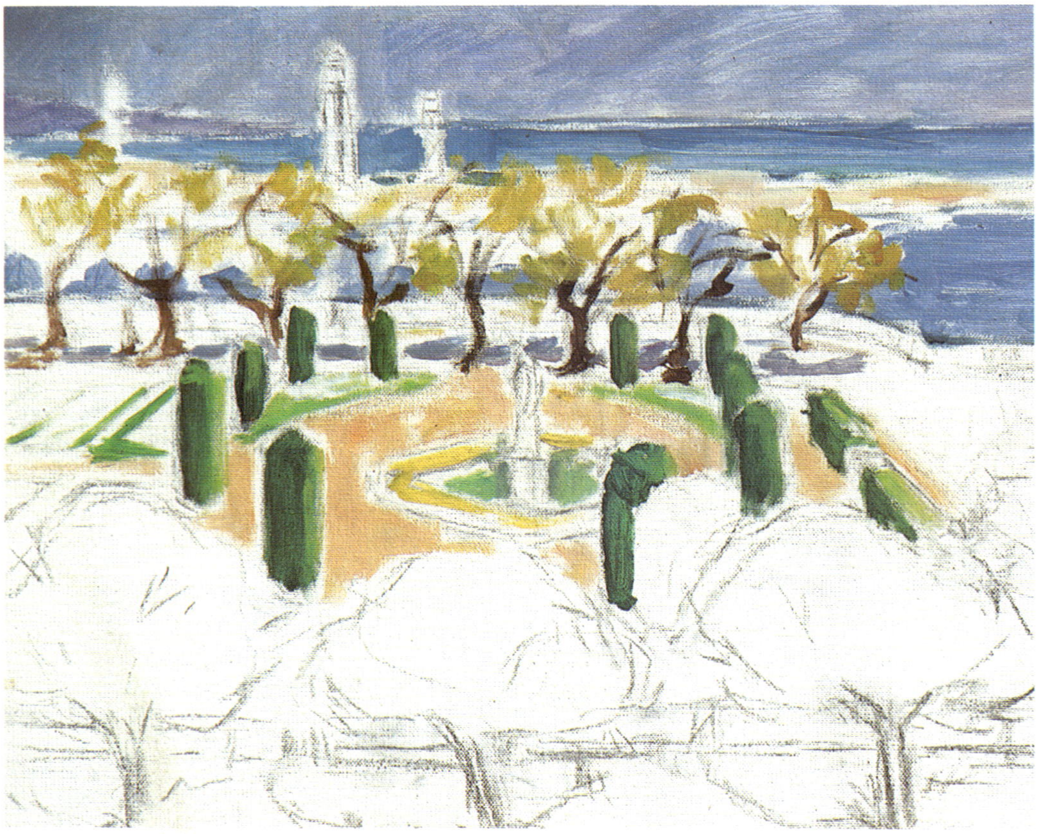

◄ **3.** Laissez sécher. Travaillez la rangée d'arbres du fond. Tracez les troncs et les branches principales avec de la terre de Sienne et de la terre d'ombre brûlée ; Suggérez les feuillages avec quelques touches ocre clair nuancé de vert. Au pied de la statue, posez des petites touches de vert et de jaune.

MATÉRIEL

- Toile sur châssis
- Fusain
- Acryliques en tubes
- Pinceaux ronds et plats en soies de porc
- Gobelets d'eau
- Chiffons

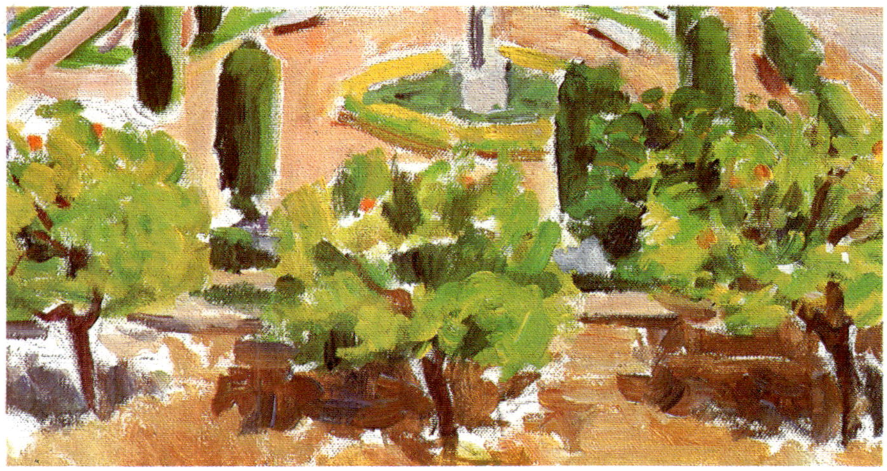

▲ **4.** Sur les orangers du premier plan, appliquez par petites touches deux tons de vert et un peu de jaune. Peignez les troncs et les ombres sur le sol avec des teintes soutenues et chaudes : terre de Sienne naturelle, terre de Sienne brûlée et terre d'ombre brûlée.

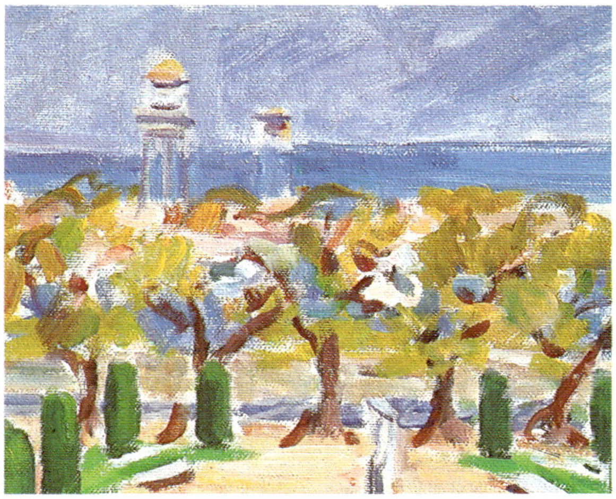

▲ **6.** Quelques touches légères de couleurs chaudes posées en tous sens animent le fond et suggèrent les installations portuaires.

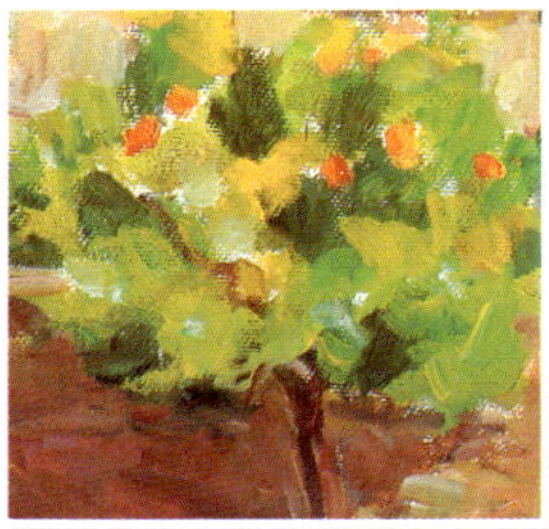

◀ **5.** Observez dans ce détail, le travail par petites touches et rehauts de couleurs qui donne du relief au feuillage dense des orangers.

▼ **7.** Complétez les allées et les parterres du jardin. Peignez la statue avec des blancs colorés et reprenez tous les détails : personnages, grues, bateaux...

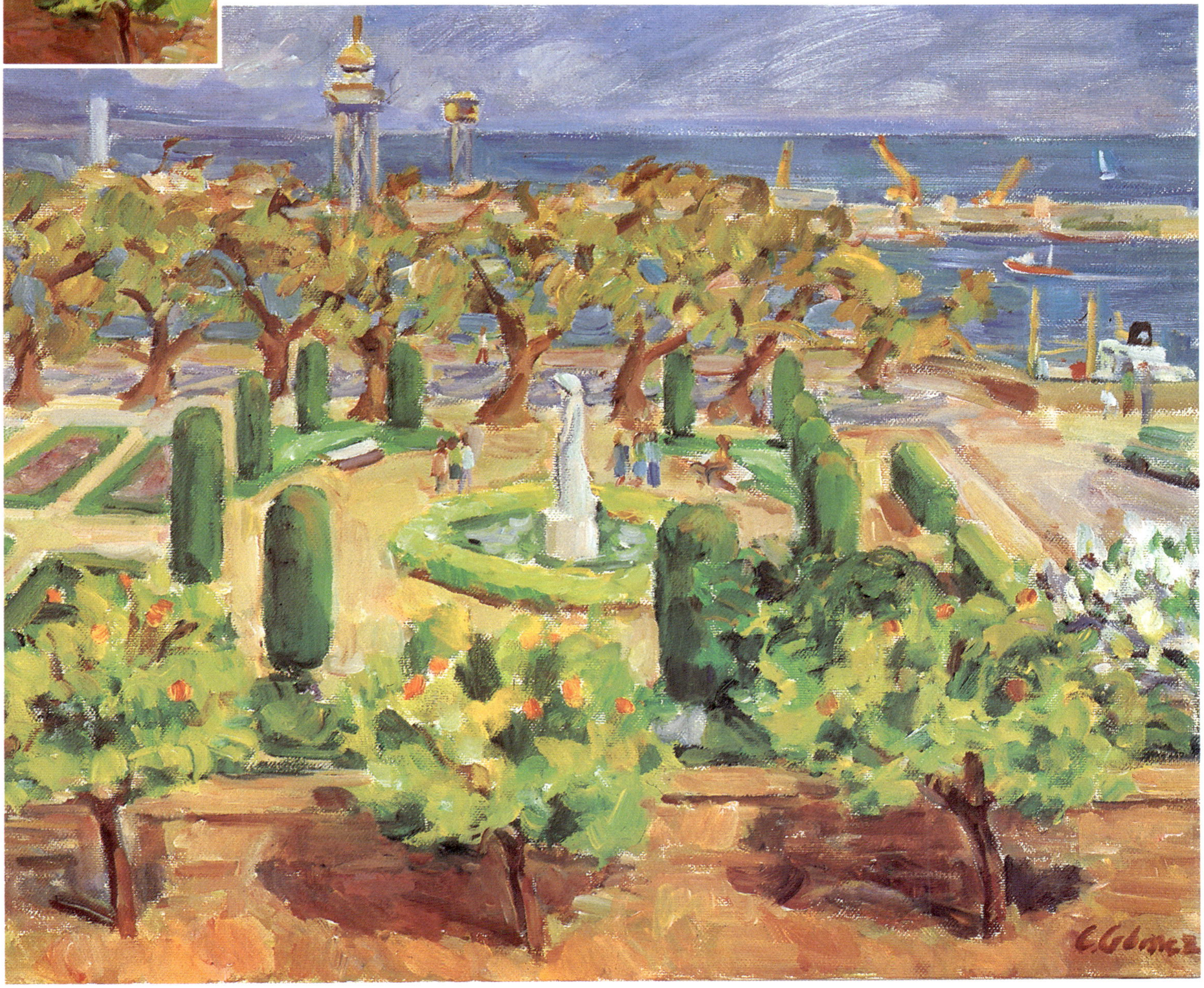

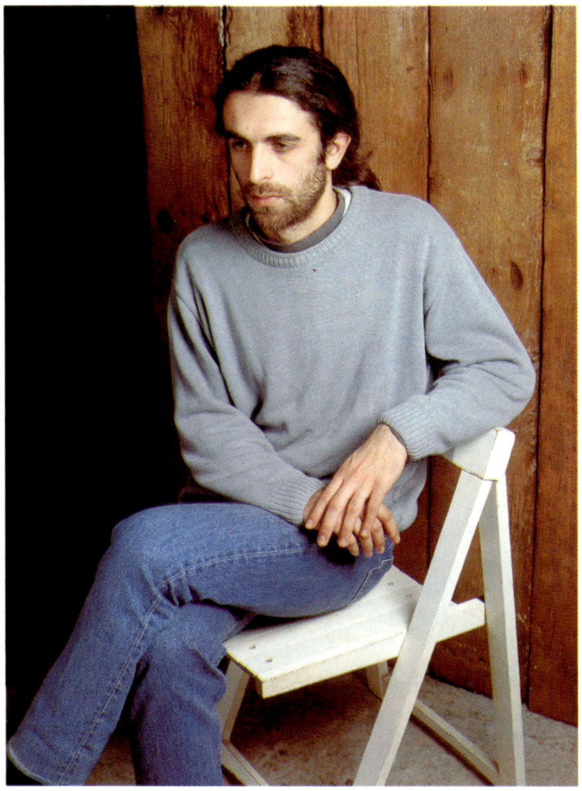

MODÈLE 2

Jeune homme assis

La pose d'un personnage assis permet une étude très complète des lignes et des volumes du corps humain : port de tête, bras repliés, jambes croisées…

En choisissant d'utiliser la peinture à l'acrylique en aplats, l'artiste a donné une facture très moderne au tableau. Le dessin, notamment du visage, n'en est pas pour autant négligé. Observez bien la pose du modèle pour respecter les proportions. N'hésitez pas à faire plusieurs croquis préparatoires.

► **1.** Avec un fusain, esquissez les formes générales du modèle sans trop de détails. Appliquez sur le fond un jus délayé terre de Sienne à gauche et ocre jaune à droite.

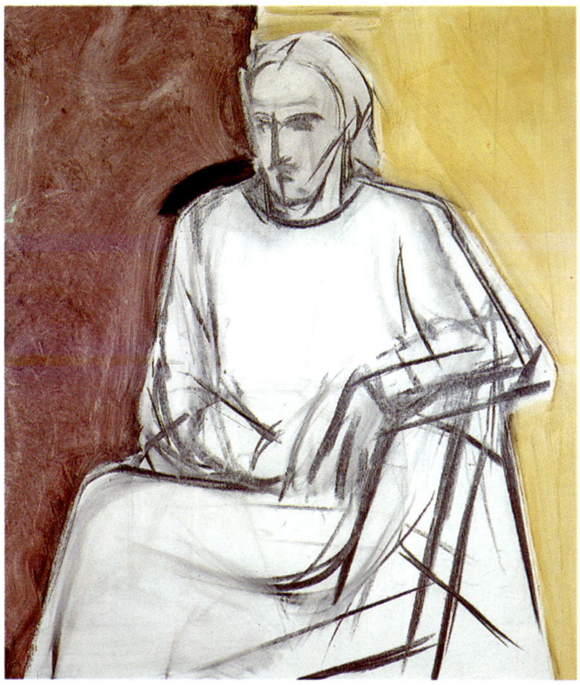

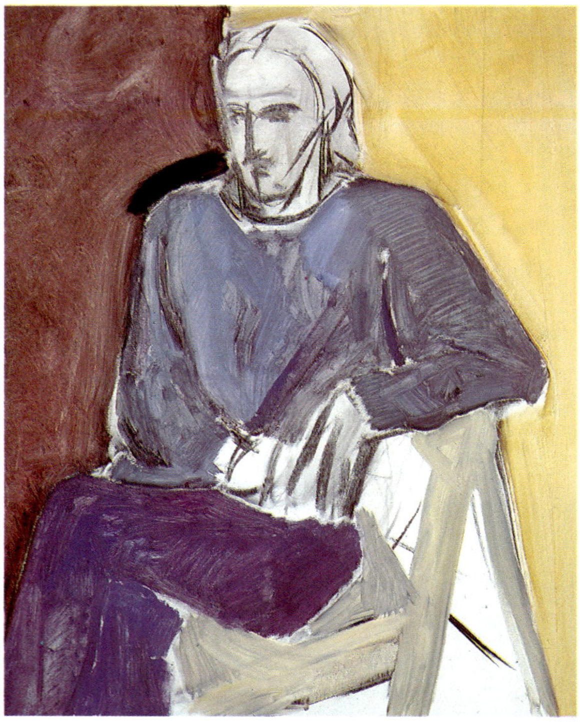

▲ **2.** Posez sur le pull-over un jus bleu-gris avec un peu de blanc, et sur le pantalon un bleu-violacé. Ébauchez la chaise avec de l'ocre mélangé à du blanc.

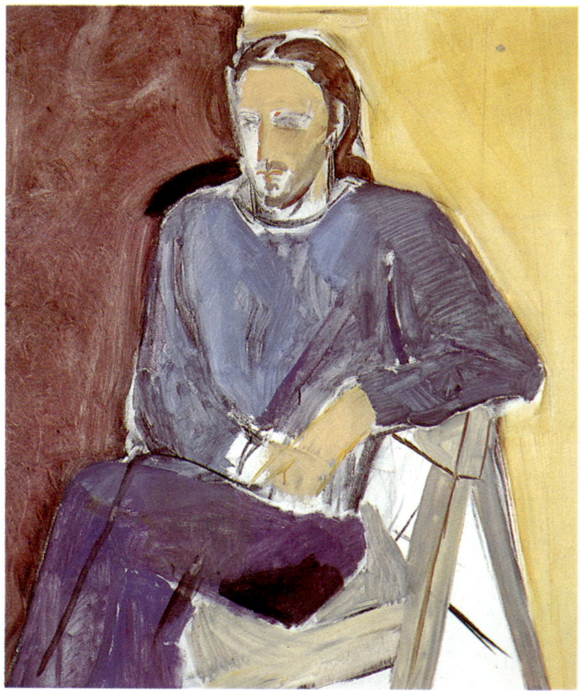

◄ **3.** Reprenez le pull-over avec un bleu clair un peu plus dense. Esquissez les ombres sur le pantalon. Préparez un mélange ocre, blanc et une pointe de carmin pour peindre le visage et les mains. Posez un ton terre de Sienne sur les cheveux.

MATÉRIEL

- Toile sur châssis
- Fusain
- Acryliques en tubes
- Chiffons
- Pinceaux ronds et plats en soies de porc ou synthétiques
- Gobelets d'eau

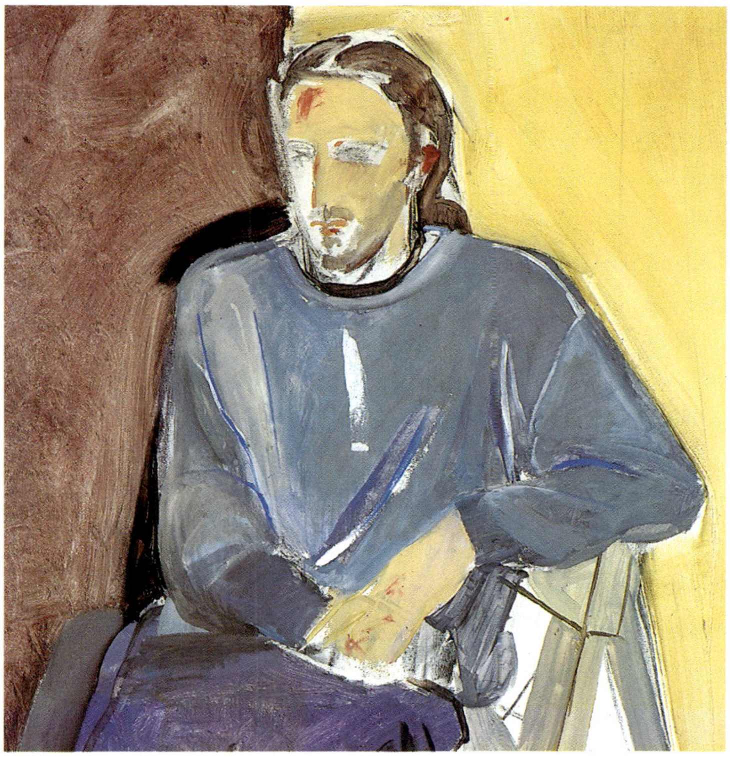

◄ **4.** Modelez le visage en appliquant une touche rougeâtre sur le front, l'arête du nez et l'oreille. Unifiez la couleur du pull-over et travaillez les plis avec des rehauts de blanc et de bleu.

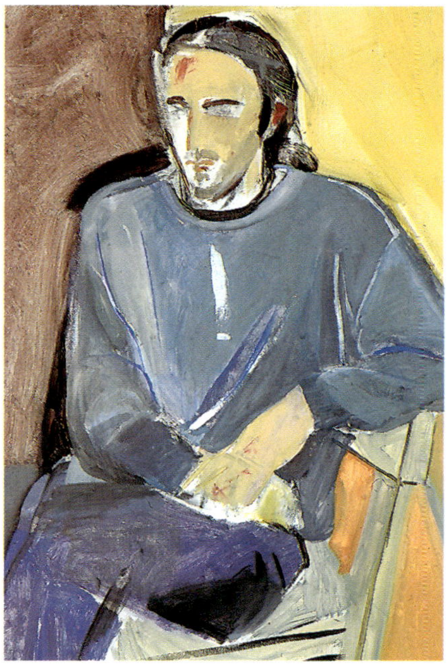

▲ **5.** Affinez les traits du visage. Grisez les cheveux avec un mélange de brun et de bleu.

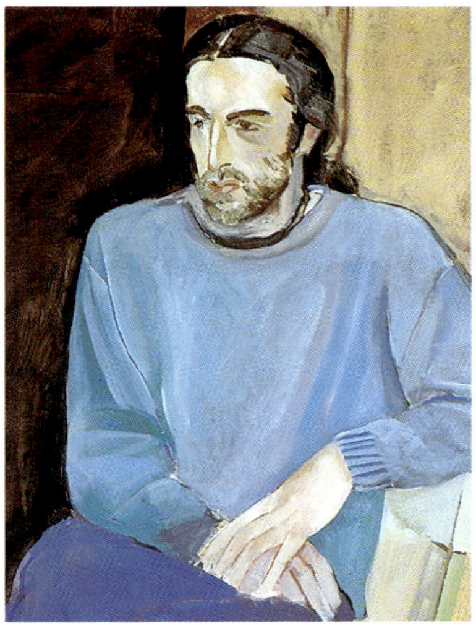

▲ **6.** Éclaircissez le pull-over avec des bleus mélangés à du blanc. Nuancez également le pantalon. Renforcez les traits du visage et des mains avec un pinceau rond et fin.

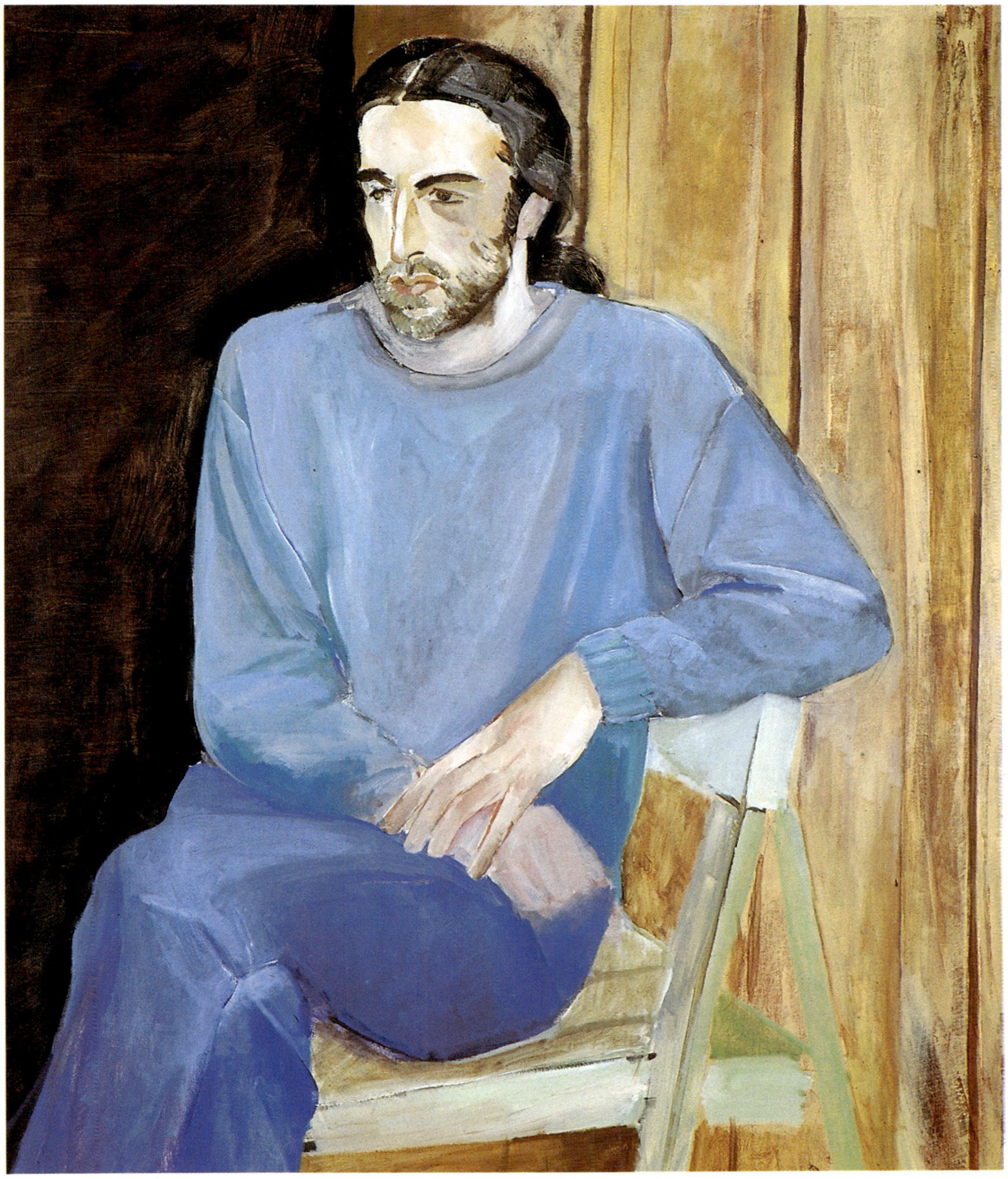

► **7.** Estompez la main droite du modèle pour donner une plus grande spontanéité au personnage. Assombrissez le fond à gauche. Travaillez la texture du lambris avec des tons ocre, clairs et foncés. Appliquez la couleur en longues traînées verticales. Faites ressortir le volume de la chaise par des tons de blanc cassé.

MODÈLE 3

La théière rouge

Les objets usuels les plus simples disposés harmonieusement permettent toujours de composer une nature morte intéressante pour un peintre. Dans cette composition, l'artiste a privilégié l'opposition des couleurs : le rouge de la théière et des grenades, et le blanc des poteries qui se détachent sur un fond de teintes douces.

La peinture à l'acrylique travaillée en couches opaques permet d'obtenir des couleurs très denses et très lumineuses. Éclaircie à l'eau, elle peut donner une impression de légèreté proche de l'aquarelle.

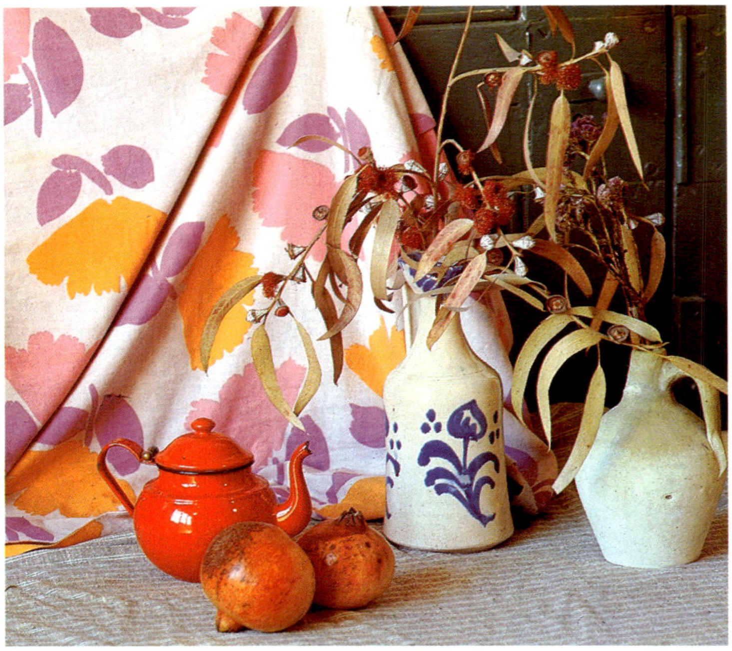

▼ **1.** Dessinez la nature morte directement avec le pinceau fin peu chargé d'un ton ocre. L'acrylique séchant rapidement, les traits du dessin resteront visibles tout au long de l'élaboration du tableau.

▼ **2.** Avec un pinceau plat et large chargé d'acrylique orange, posez vigoureusement les taches principales du motif du rideau.

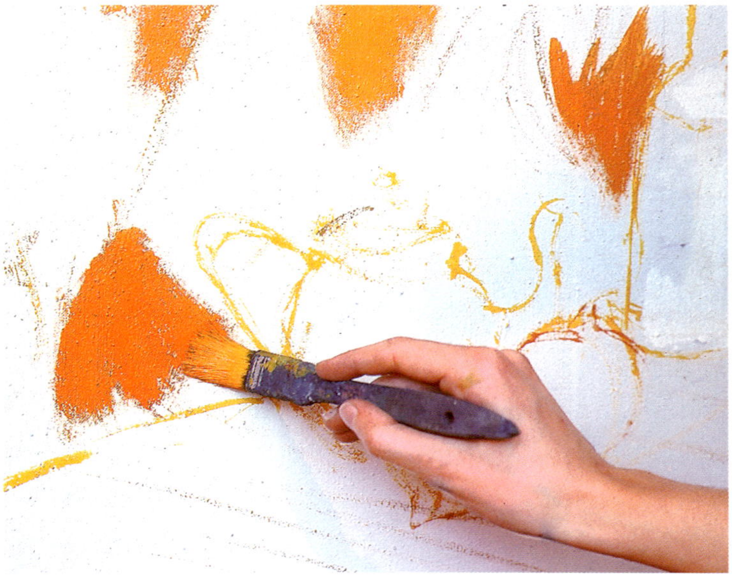

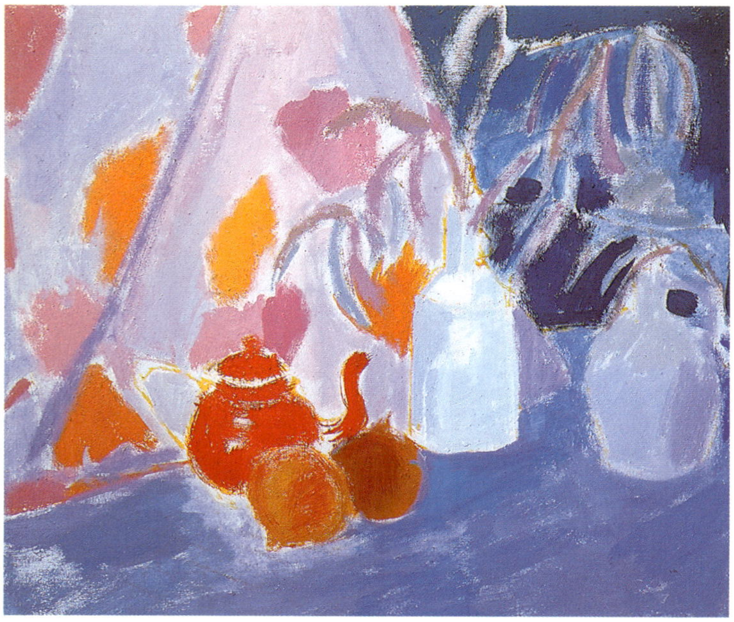

◀ **3.** Placez toutes les couleurs de base : un bleu soutenu sur la nappe au premier plan, des bleus éclaircis avec du blanc sur les deux vases et des bleus foncés sur le fond à droite. Travaillez le rideau avec des tons pastel. Posez un rouge vif sur la théière en réservant le blanc de la toile pour les éclats de lumière. Peignez les grenades avec un rouge atténué d'ocre.

MATÉRIEL

- Toile sur châssis
- Acryliques en tubes
- Pinceaux ronds et plats en soies de porc
- Gobelets d'eau
- Chiffons

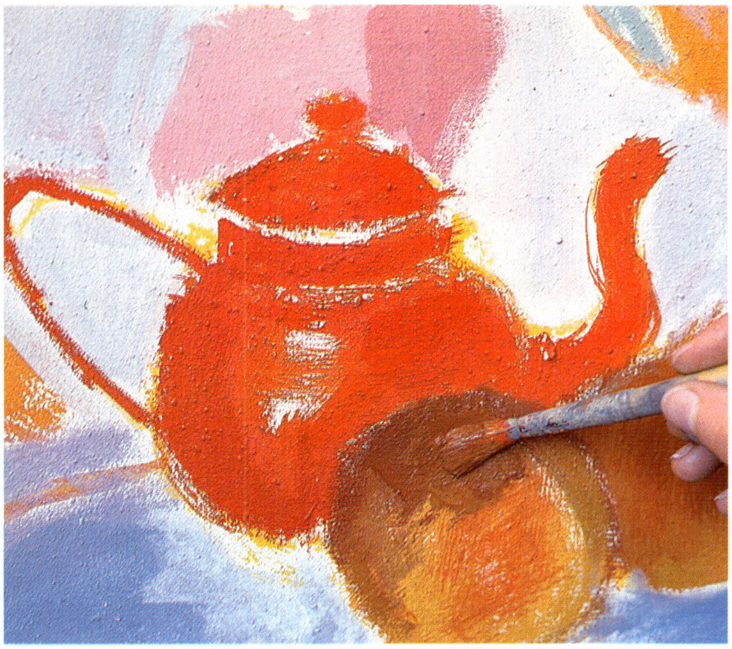

◀ **4.** Sur cette base de couleur, appliquez de nouveaux tons pour modeler les formes. Si une couche n'est pas tout à fait sèche, vous pouvez laisser les nouvelles teintes se fondre dans la précédente.

▶ **5.** Nuancez les vases en employant des bleus fortement mélangés avec du blanc. Avec un pinceau fin très peu chargé, dessinez le motif bleu du vase décoré.

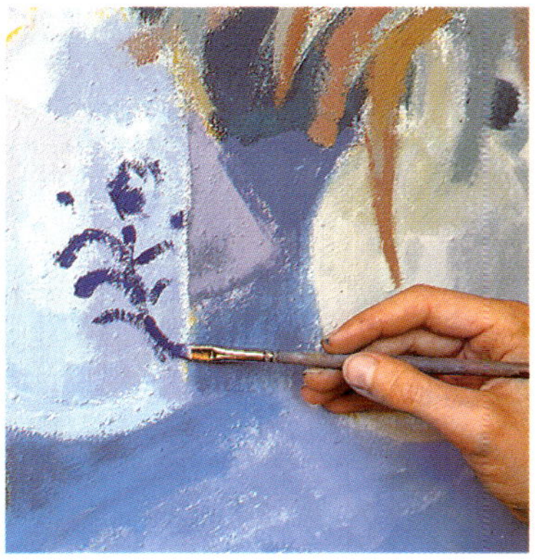

▼ **6.** Travaillez les feuillages dans une grande variété de tons. Posez des touches rougeâtres épaisses pour matérialiser les fleurs sans trop en préciser la forme. Unifiez le premier plan par des longues touches de bleu. Les couleurs vives de l'acrylique, utilisée en couches opaques sur les objets, donnent du relief à cette nature morte.

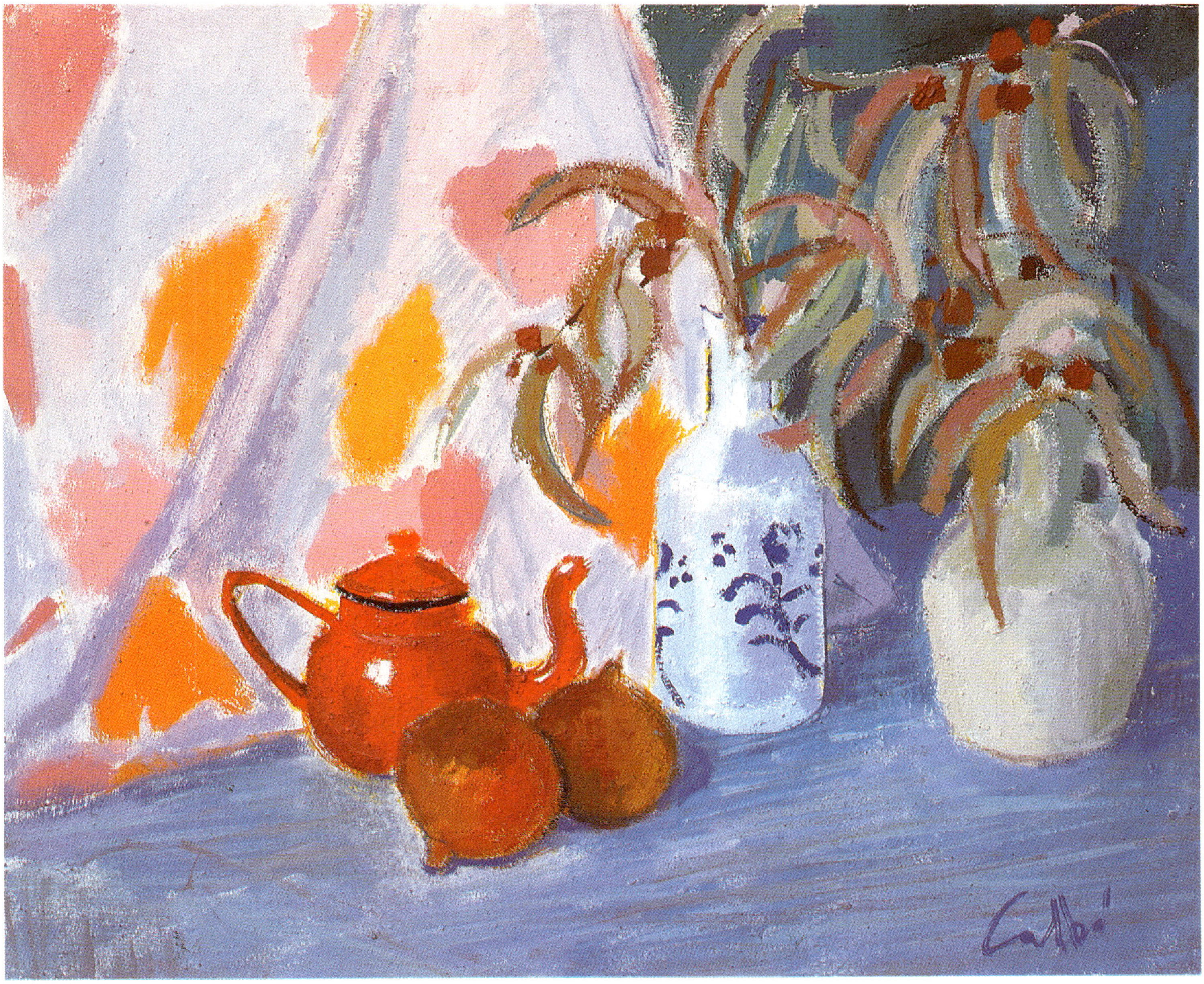

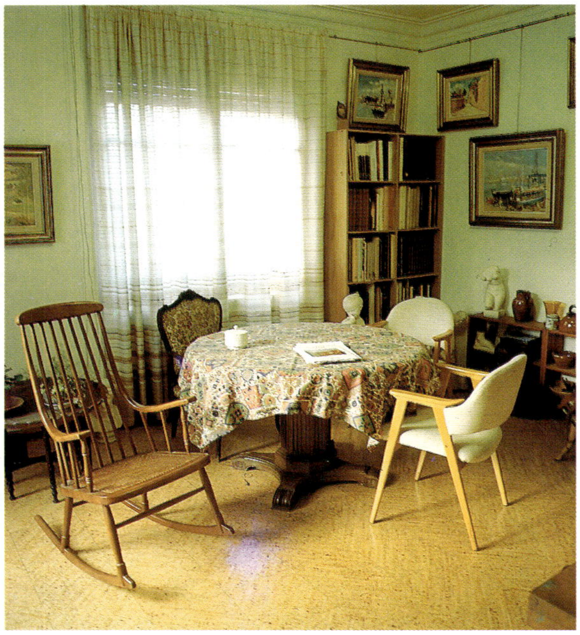

MODÈLE 4

Intérieur

À partir d'une photo d'un intérieur banal, de multiples interprétations sont possibles : modifier la composition pour ouvrir l'espace, changer les couleurs pour donner une atmosphère particulière à la pièce, ajouter des éléments pour enrichir le sujet.

Pour réaliser un tableau bien structuré, nous vous conseillons de commencer par faire un dessin précis. N'hésitez pas à mentionner quelques détails. Les traits de crayon disparaîtront sous les différentes couches de couleur.

► **1.** Pour ouvrir le cadre de cette pièce, commencez par dessiner les éléments du fond en ajoutant une bibliothèque à gauche de la fenêtre. Dessinez en perspective une porte-fenêtre à gauche. Puis placez le mobilier : la table, les fauteuils, les tableaux accrochés au mur, les bibelots, le tapis au premier plan… et même un chat.

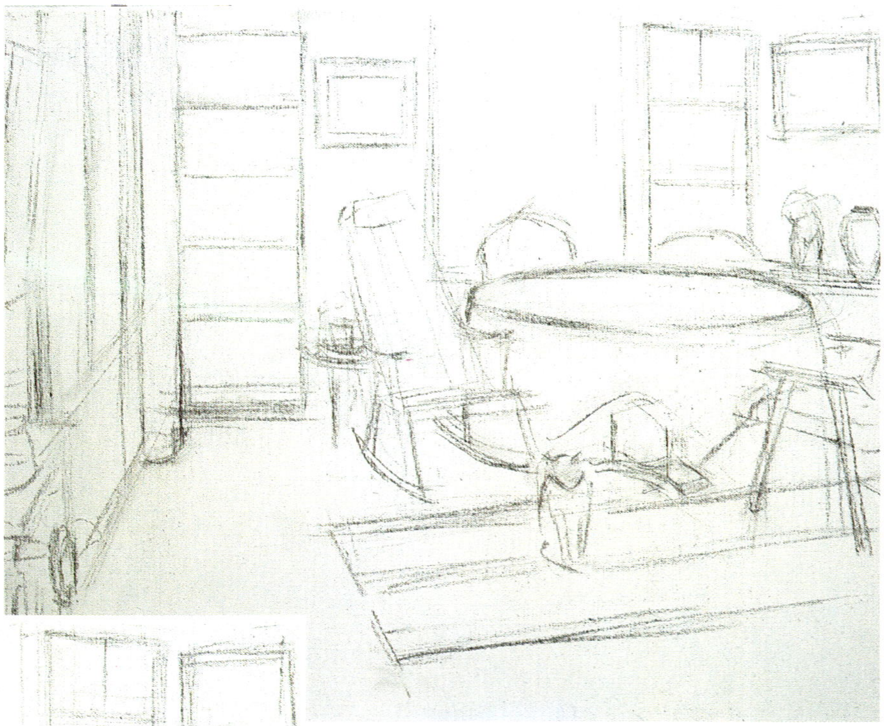

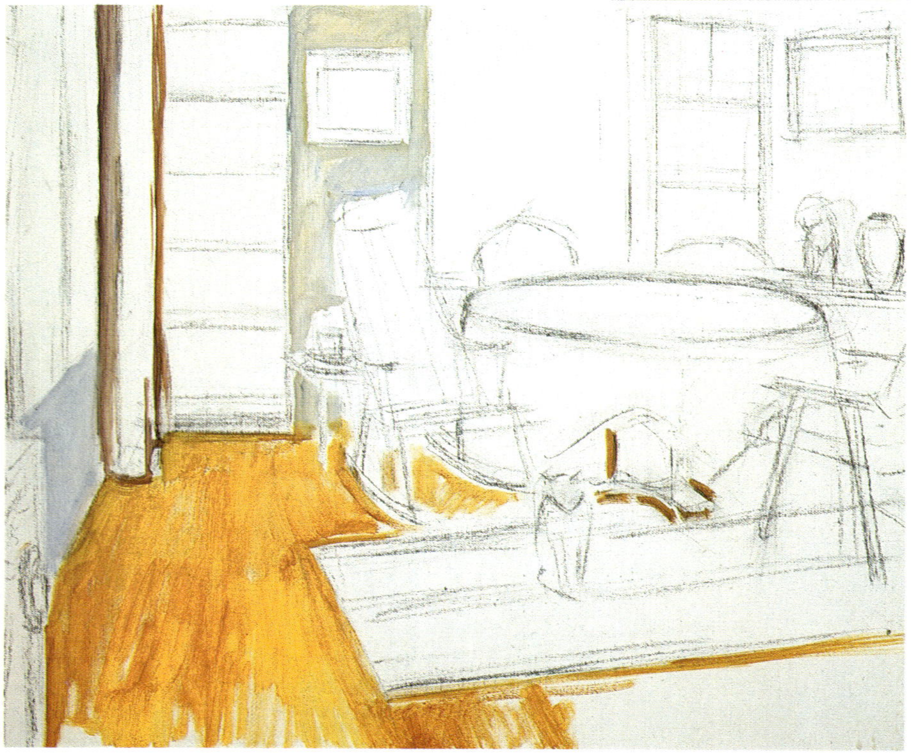

◄ **2.** Posez les premières couleurs. Peignez les murs avec un jus gris. Appliquez sur le sol des longues touches ocre et jaune orangé pour suggérer la perspective. Tracez deux traits verticaux terre de Sienne pour marquer l'angle et le bord de la bibliothèque.

MATÉRIEL

- Toile sur châssis
- Crayon 2B
- Acryliques en tubes
- Pinceaux ronds et plats en soies de porc
- Gobelets d'eau
- Chiffons

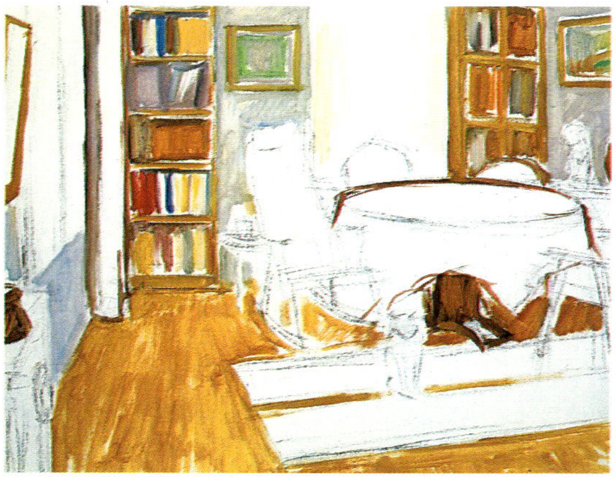

◄ **3.** Ébauchez le fond de la pièce. Représentez les livres par de légères touches de différentes couleurs. Tracez les contours des tableaux au mur, le bord et le pied de la table.

▼ **4.** Définissez le fauteuil à bascule avec un tracé net. Peignez le dessus de la table avec un mélange de blanc, de rouge anglais et de terre de Sienne. Posez des touches ocre, blanches et vertes sur les plis de la nappe, dans la partie éclairée. Travaillez le mur derrière le fauteuil avec un blanc cassé. Utilisez la même teinte pour les objets posés sur la table.

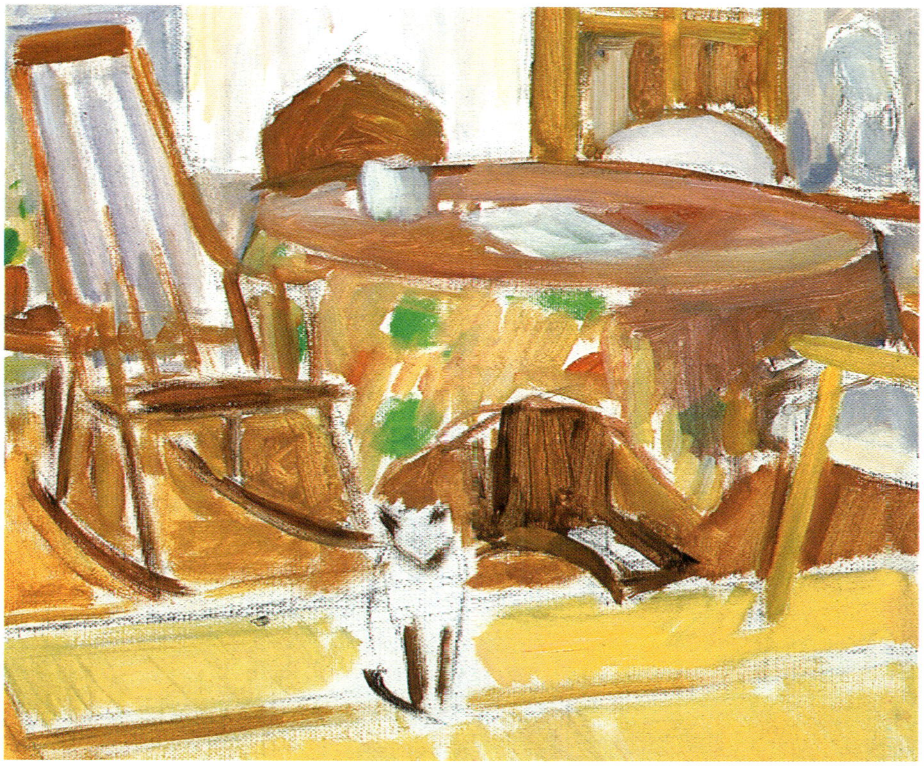

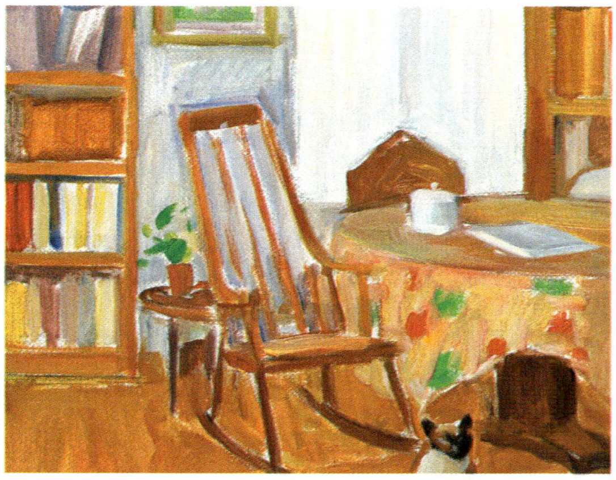

▲ **5.** Montez progressivement les couleurs. Augmentez le contraste des tons du plancher pour faire ressortir la clarté des murs et du tapis.

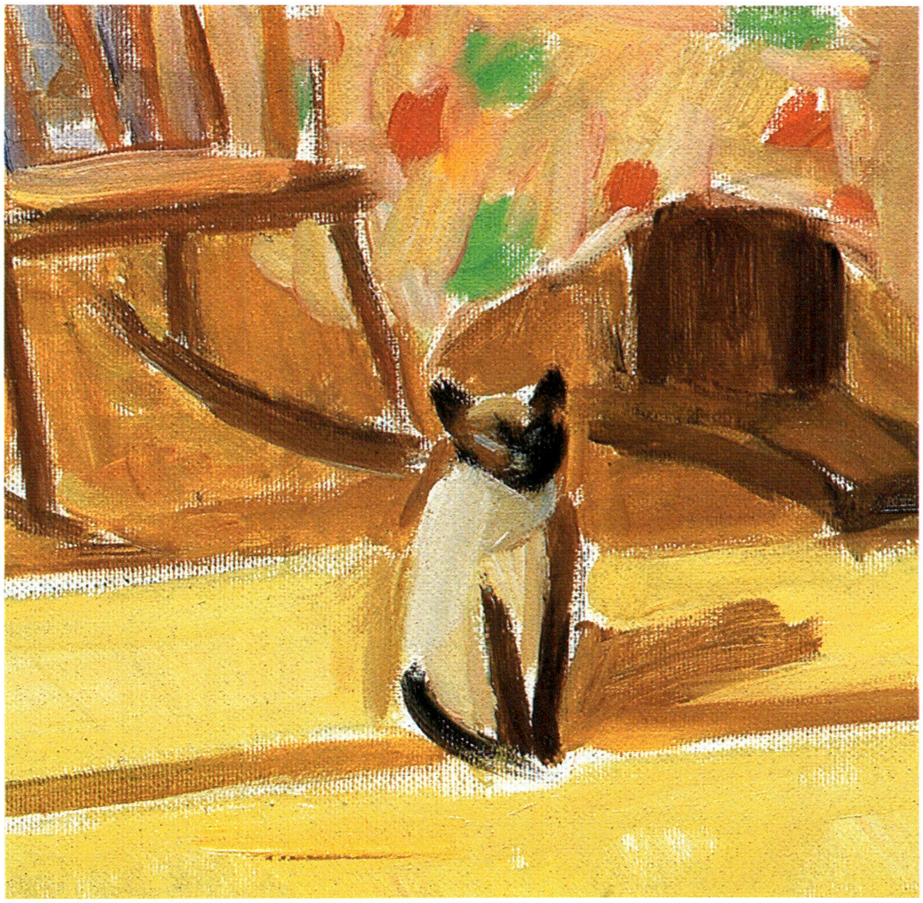

◄ **6.** Peignez le chat avec simplicité : deux ou trois larges touches d'ocre mélangé à du blanc suffisent à construire la forme de l'animal. Les pattes et la queue sont suggérées d'un seul trait sombre. Travaillez la tête par petites touches de différents tons de brun, clairs et foncés, éclairés d'une pointe de vert.

►► **7.** (Page 10) Unifiez le sol en fondant les couleurs. Reprenez les détails de la nappe, des bibliothèques et des différents bibelots. Remarquez comment l'artiste a bien rendu la clarté de la pièce et la chaleur du bois en privilégiant une gamme chromatique chaude, jaune, rouge et ocre, et en utilisant des tons lumineux de blanc cassé.

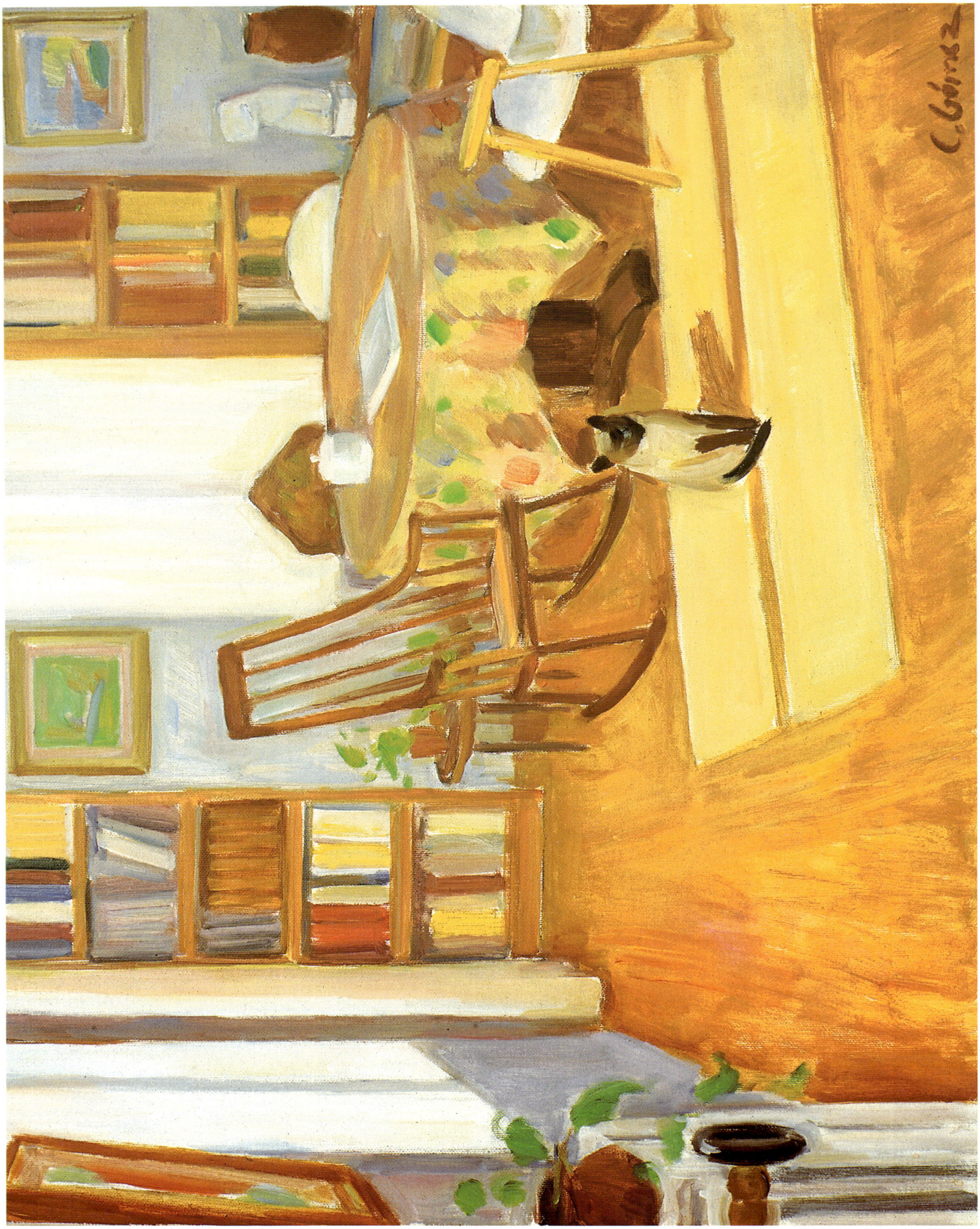

MODÈLE 5

L'entrée du village

Ce paysage comprend un nombre important de détails. Vous pouvez en faire une copie fidèle et minutieuse ou bien prendre le parti de ne traiter que les masses importantes des bâtiments, de la roche, de la route et de la végétation, comme nous vous le proposons dans cet exercice.

Les couleurs acryliques très couvrantes permettent de superposer les plans pour faire ressortir les reliefs. Vous pourrez laisser libre cours à votre sensibilité pour créer des harmonies de couleurs qui vous seront plus personnelles.

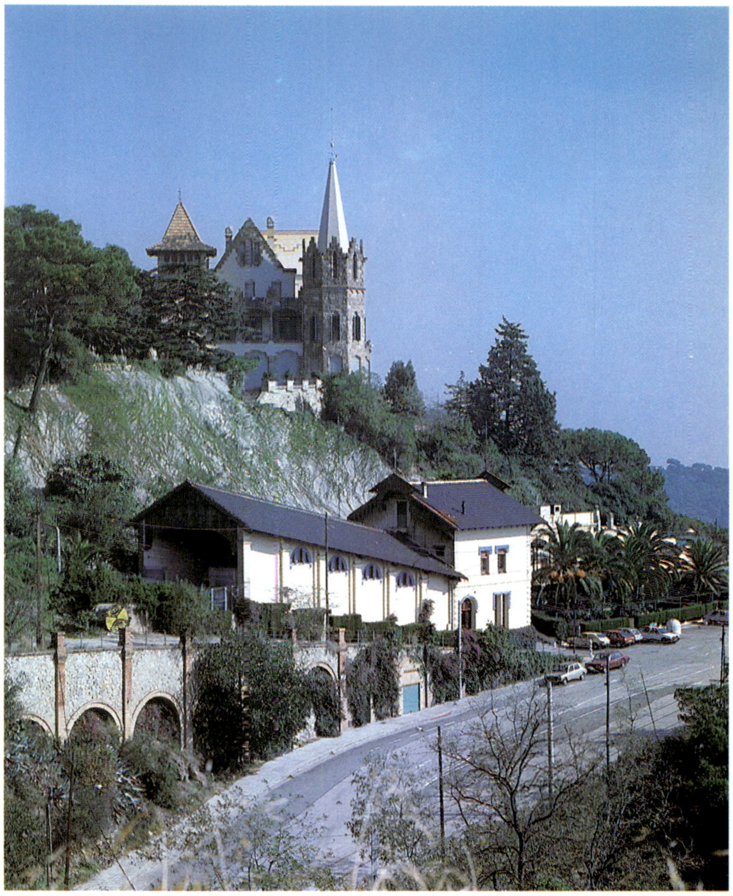

▼ **1.** Esquissez au fusain les formes des bâtiments. Tracez la route. Ombrez les zones les plus foncées pour marquer les volumes.

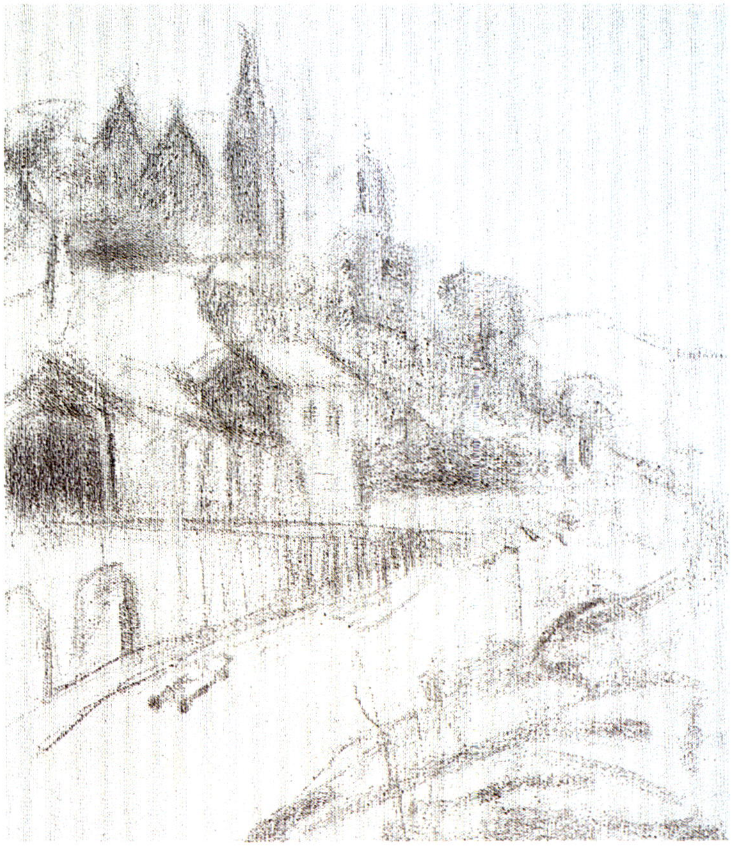

▼ **2.** Posez un ton gris très délayé sur les zones les plus sombres et quelques touches ocre clair sur le mur ensoleillé. Peu importe si la couleur coule, elle sera recouverte par les couches successives d'acrylique opaque.

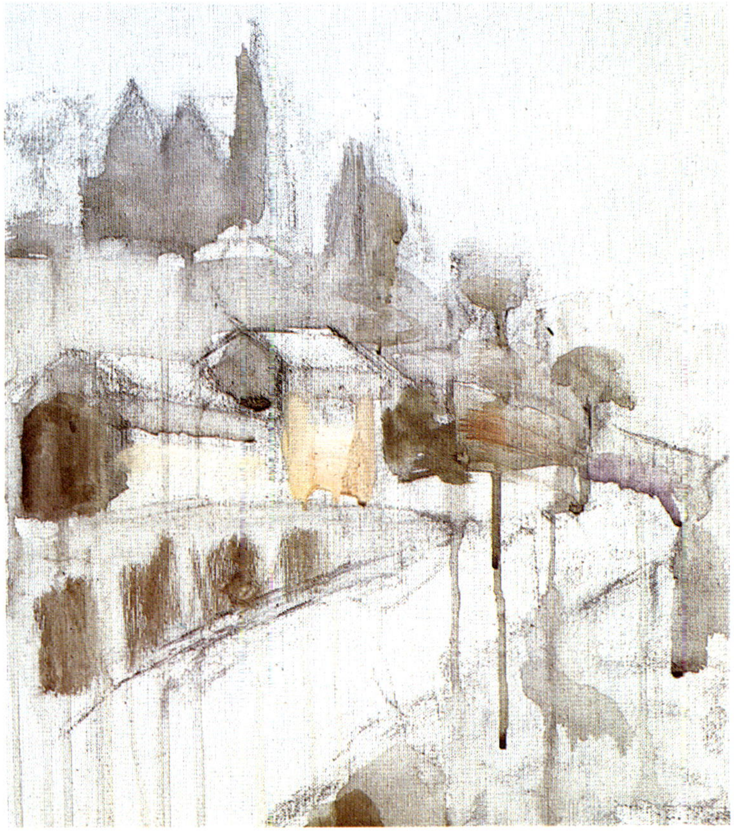

MATÉRIEL

- Toile sur châssis
- Fusain
- Pinceaux ronds et plats en soies de porc
- Acryliques en tubes
- Gobelets d'eau
- Chiffons

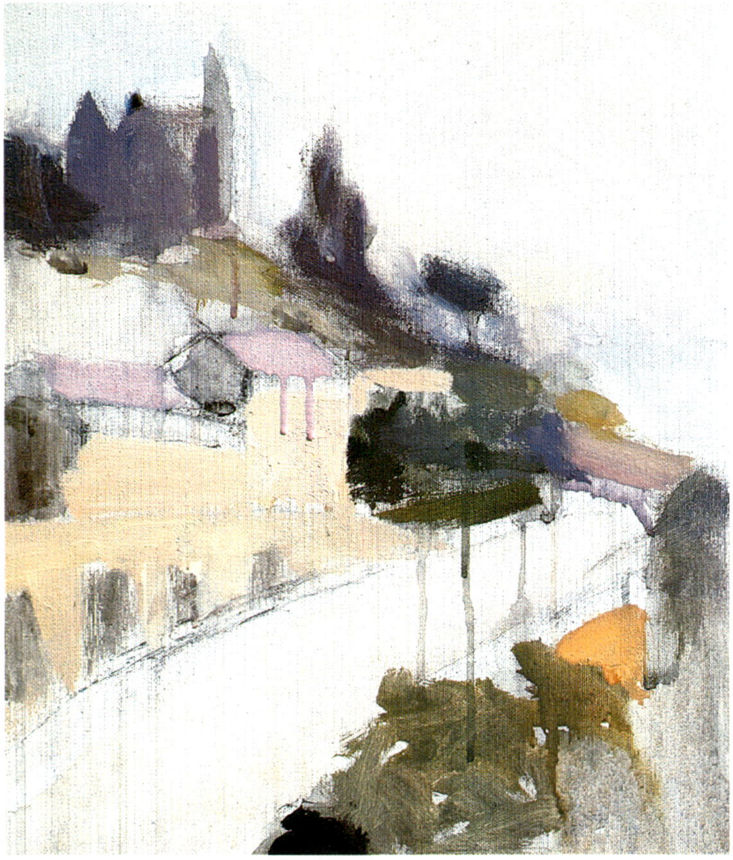

◄ **3.** Avec un mélange ocre orangé et blanc, peignez la façade du bâtiment au premier plan sans vous intéresser aux détails. Sur les toits et la silhouette du château, posez un ton violacé plus ou moins mélangé avec du blanc. Marquez les volumes des différentes végétations avec des jus ocre verdâtre ou bleutés.

▼ **4.** Montez les couleurs. Superposez les touches. Ajoutez des nouvelles teintes pour séparer les plans des murs. Peignez la route avec un gris violacé très clair.

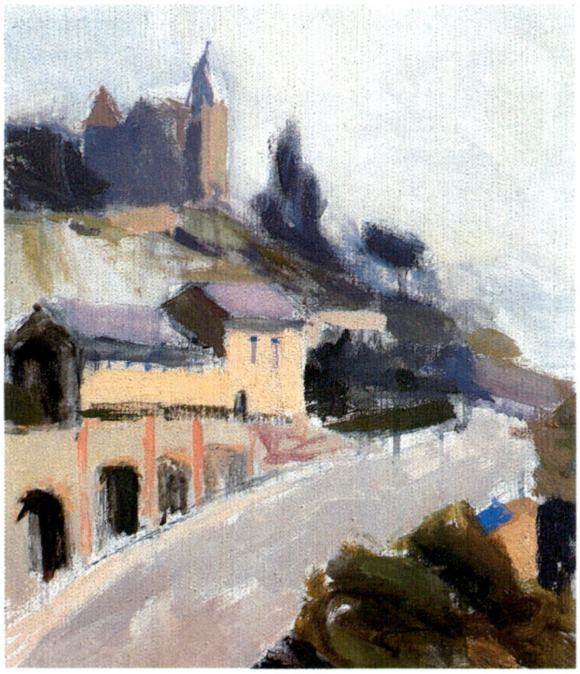

▼ **5.** Avec un pinceau fin et des couleurs plus soutenues, reprenez la structure du dessin. Comme vous pouvez l'observer, les lignes ne suivent pas un tracé continu.

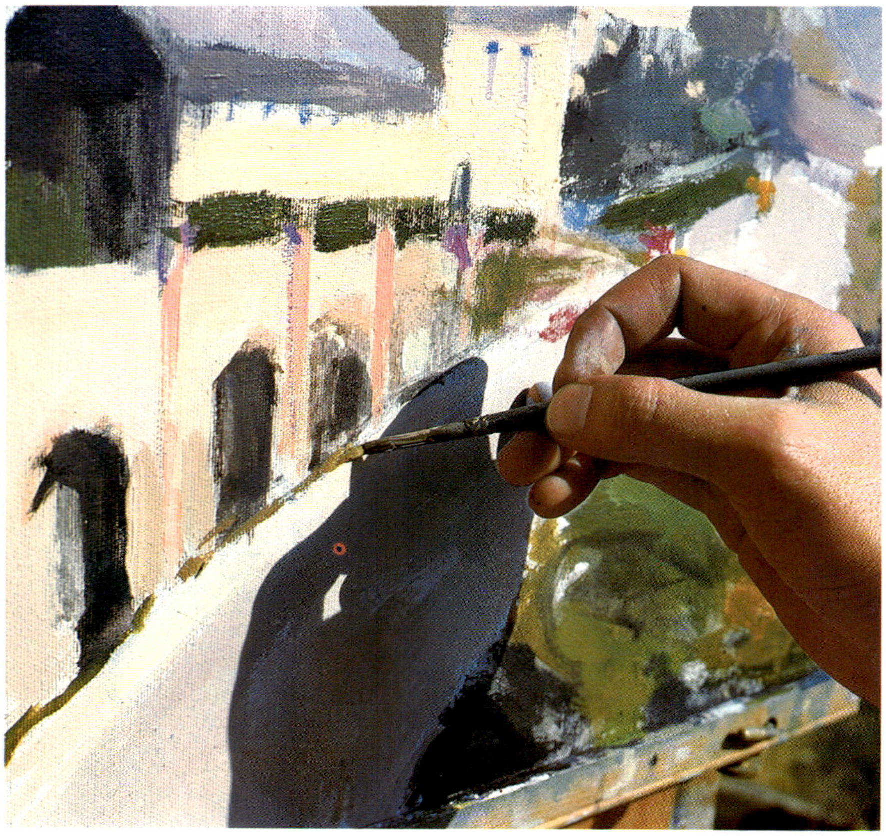

► **6.** Reprenez le ciel à l'horizon avec quelques tonalités bleuâtres et les lointains avec du violet atténué de blanc. Nuancez la végétation, avec de larges touches vert foncé et vert-jaune. Les nombreuses couleurs utilisées par le peintre dans cette pochade brossée rapidement, évoquent les teintes chatoyantes de ce site pittoresque.

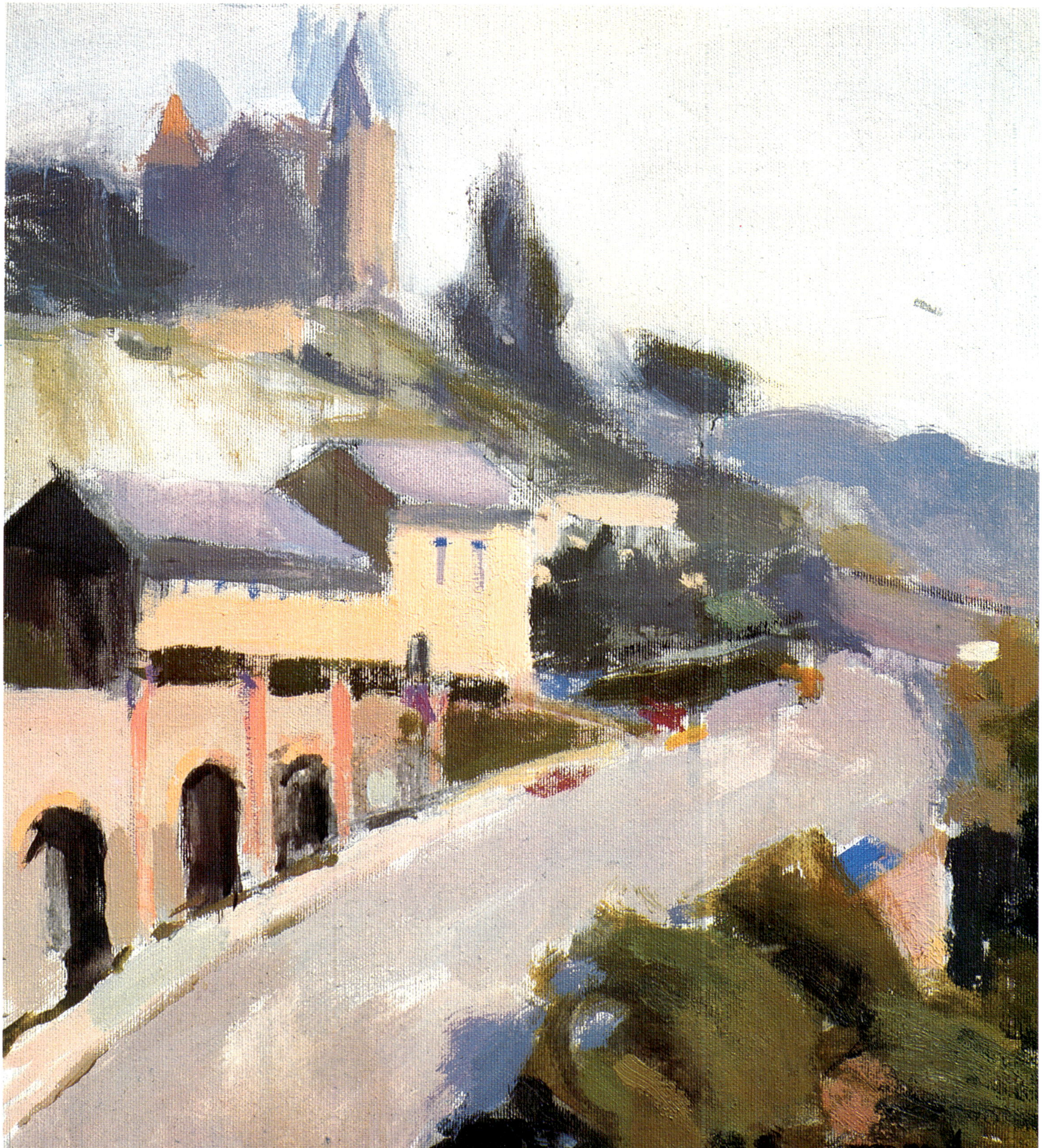

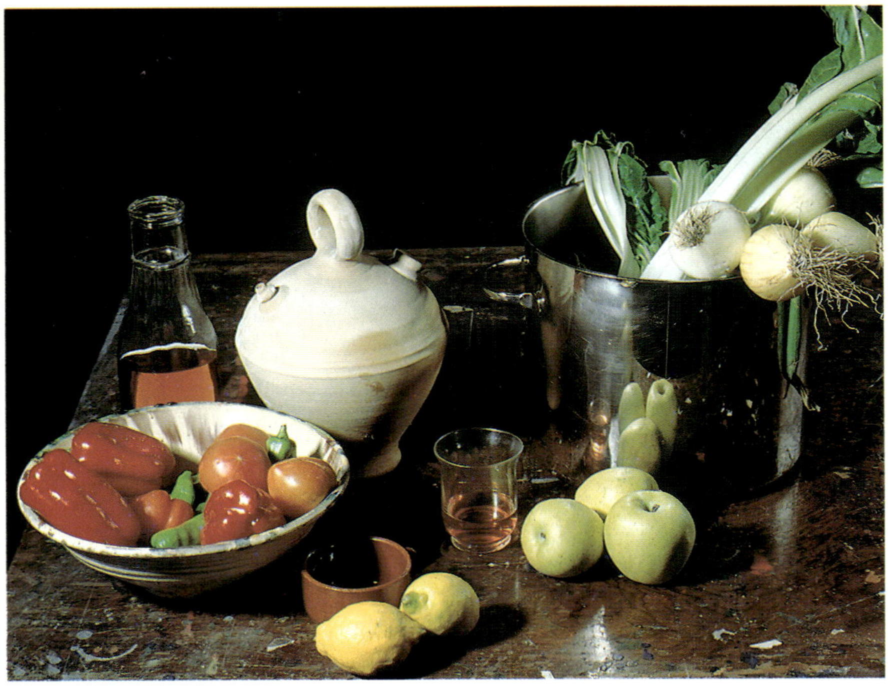

MODÈLE 6

Dans la cuisine

Les ustensiles culinaires, les fruits, les légumes, les pichets de vin ont été de tout temps des sujets de nature morte appréciés des peintres. Leurs formes variées, la richesse de leurs couleurs, permettent à l'artiste de multiples études chromatiques et de matières.

En utilisant les peintures acryliques, vous pourrez facilement mettre en évidence les tons clairs et lumineux du sujet sur un fond très sombre. Des réserves de zones blanches sont faites en appliquant de fines bandes de cache adhésif, pour dégager les formes des objets sur le fond.

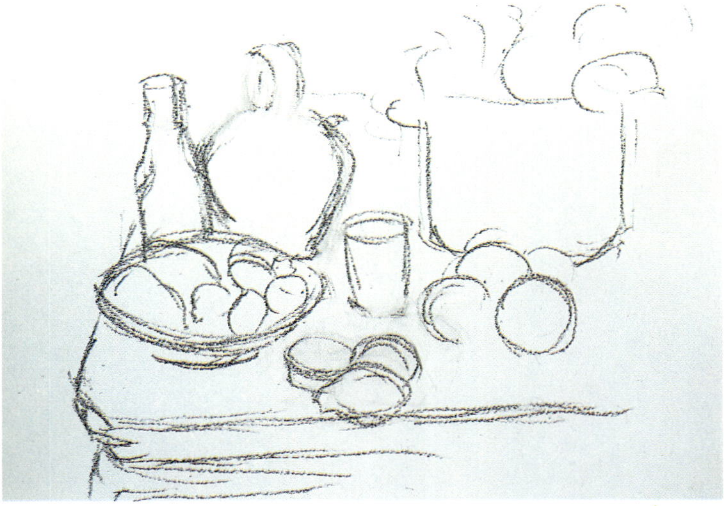

◀ **1.** Dessinez avec précision tous les éléments de la nature morte. Respectez les proportions. Tracez le bord de la table pour mieux mettre en évidence le sujet.

▼ **2.** Posez des bandes de cache adhésif sur les zones qui ne seront pas peintes immédiatement : le tour des objets et les éclats de lumière. Commencez à peindre le fond avec des tons de terre assez chauds.

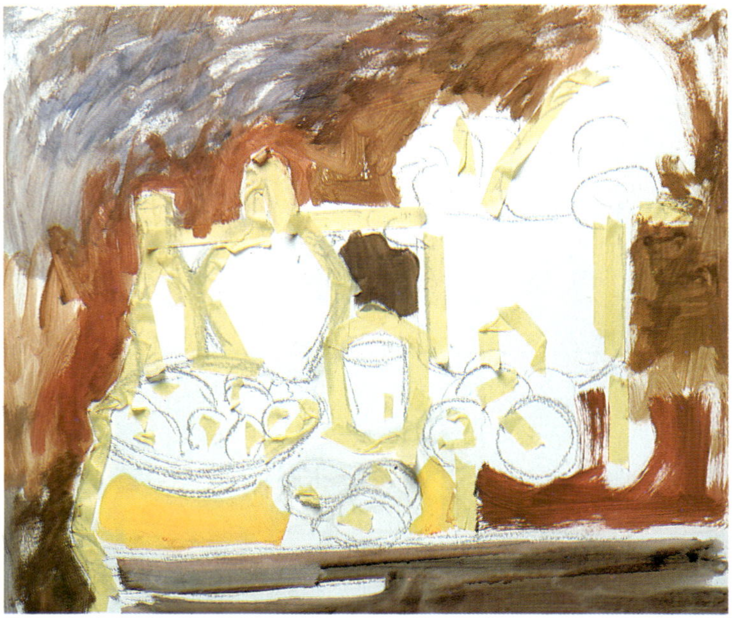

▼ **3.** Sur cette première couche, renforcez les couleurs du fond avec une peinture moins diluée. Utilisez des ocres, de la terre de Sienne et de la terre d'ombre brûlée.

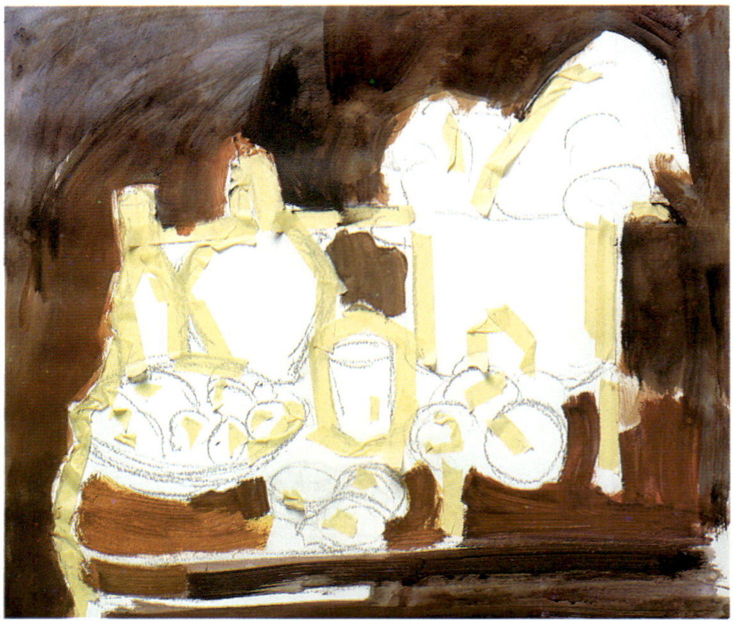

► **4.** Retirez le cache adhésif autour de la bouteille à gauche. Appliquez une teinte ocre diluée sur la bouteille et le verre. Sur le faitout, posez des touches verticales bleues à gauche et violacées à droite pour suggérer le brillant du métal.

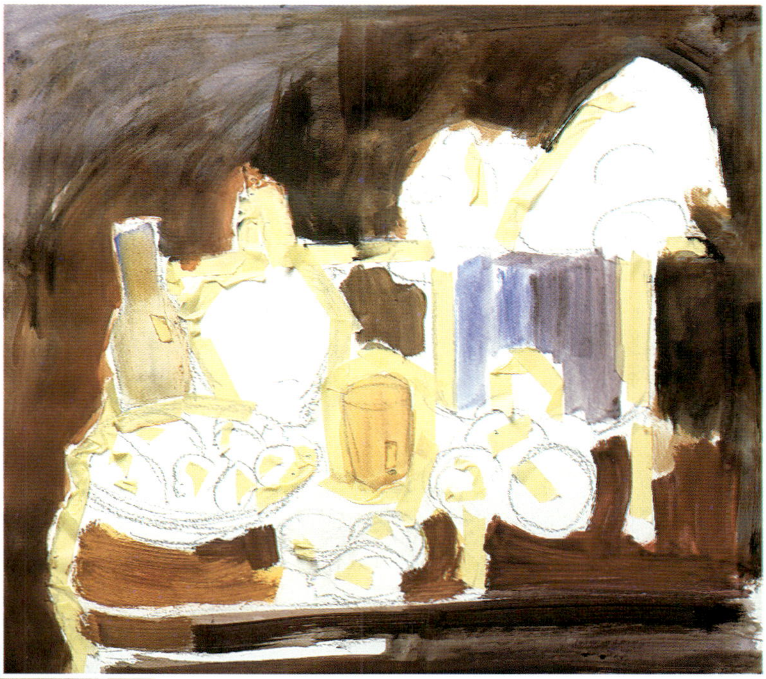

MATÉRIEL

- Papier à grain épais
- Crayon 2B
- Ruban cache adhésif
- Acryliques en tubes
- Pinceaux ronds et plats en soies de porc
- Gobelets d'eau
- Chiffons

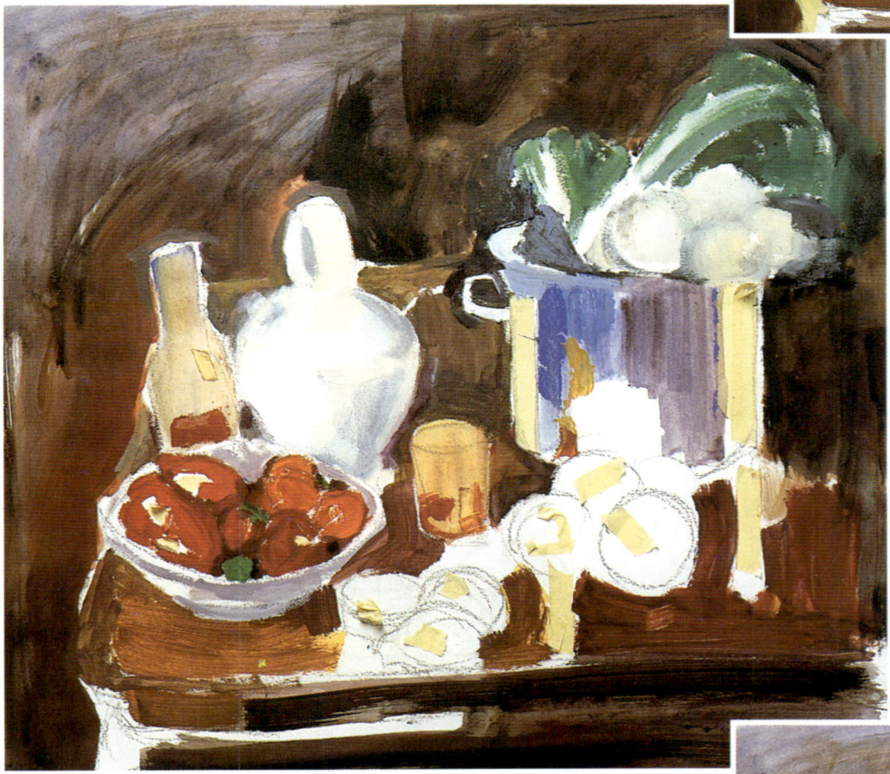

◄ **5.** Retirez le cache adhésif sur la partie gauche de la composition. Peignez la cruche, le plat et les légumes avec des tons blanc cassé et gris. Posez du vert sur les feuilles. Travaillez les poivrons avec des rouges très vifs.

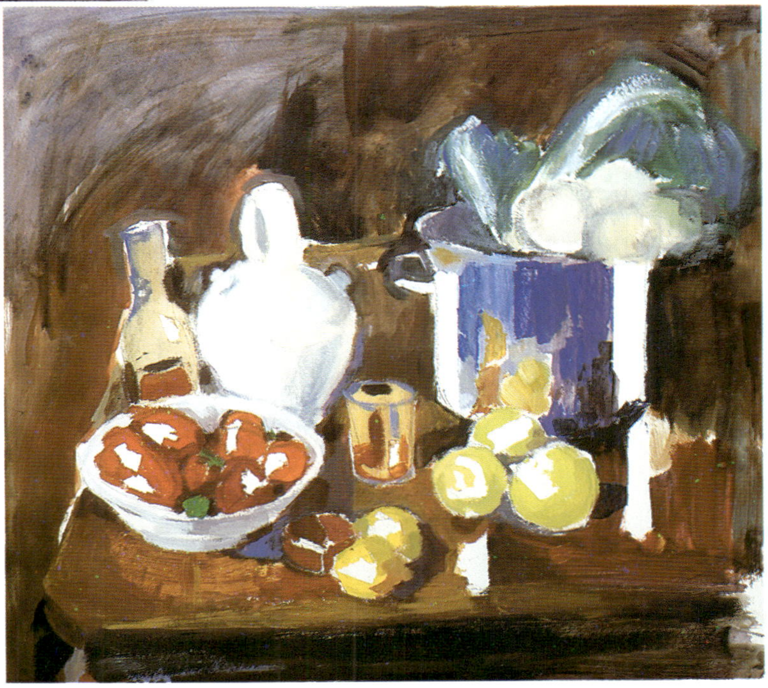

► **6.** Peignez les citrons et les pommes avec des tons jaune-vert. Renforcez les couleurs du faitout, du verre et de la bouteille. Reprenez les bords de la table. Retirez les derniers caches. Le blanc du papier figure les reflets et les éclats de lumière.

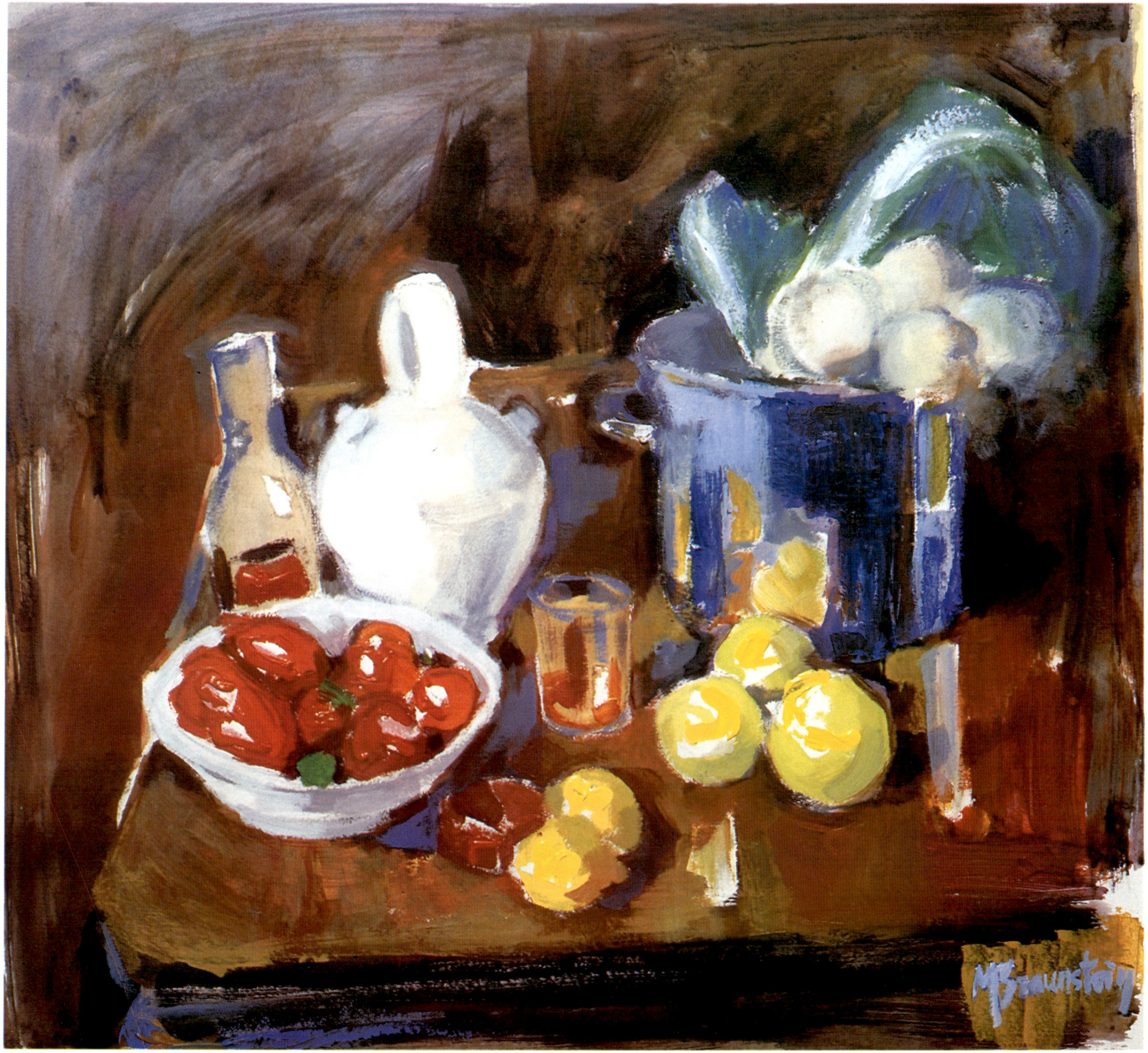

► **7.** La source de lumière provenant de la gauche de la composition donne du relief à l'ensemble. Travaillez les ombres situées à droite des éléments pour rendre leurs volumes. Reprenez le faitout avec différents tons de bleu, de blanc et d'ocre. Réduisez les blancs des éclats sur les fruits et les poivrons pour les rendre plus naturels. Unifiez les couleurs de la table et du fond.

MODÈLE 7

La barque blanche

Pour les sujets de bord de mer, la photographie est une aide précieuse pour fixer le mouvement des bateaux ainsi que les reflets changeants des plans d'eau. Dans ce modèle, le peintre a concentré son attention sur la barque blanche, et traité de manière plus estompée les autres embarcations et le port au fond.

Pour rendre l'atmosphère ensoleillée de cette marine, l'artiste a utilisé une importante gamme de bleus, des plus clairs au plus foncés. En diluant plus ou moins les couleurs acryliques vous obtiendrez des tons fondus nécessaires pour peindre le ciel.

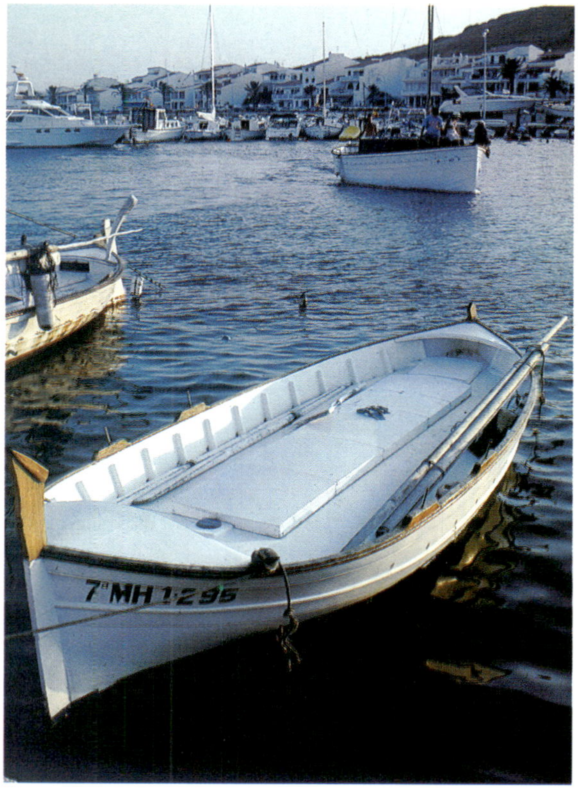

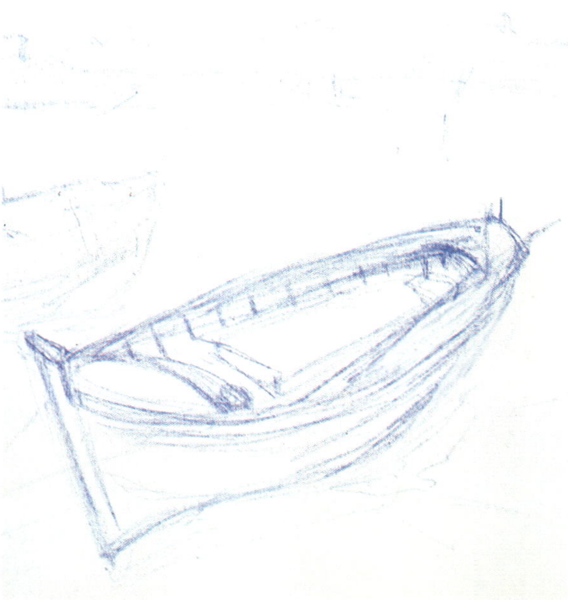

◄ **1.** La barque placée en diagonale occupe toute la largeur du tableau. Avec un crayon bleu, dessinez-la sans omettre les détails. Esquissez légèrement les silhouettes des autres bateaux et tracez quelques lignes horizontales au fond.

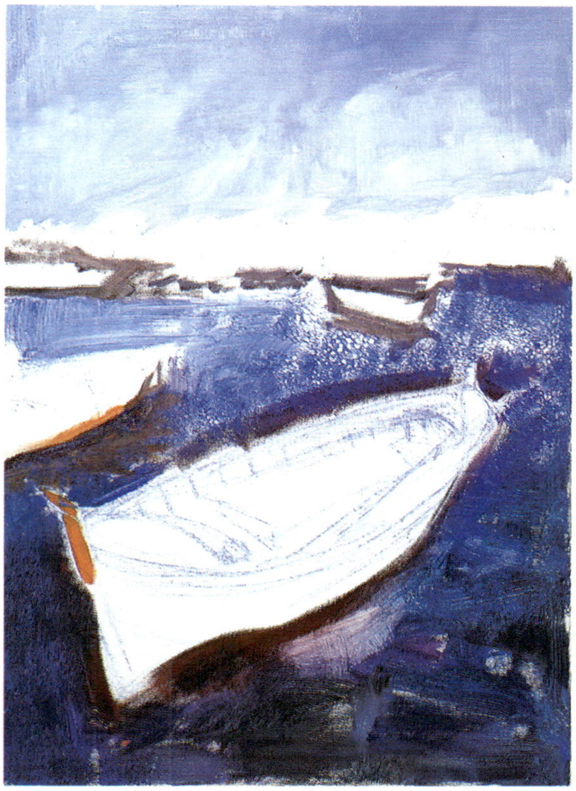

► **2.** Commencez par peindre le ciel avec un mélange bleu et blanc. Travaillez la mer avec un bleu dilué dans le fond et plus dense autour de la barque. Soulignez l'ombre des bateaux avec un bleu violacé plus ou moins foncé. Posez quelques touches de bruns.

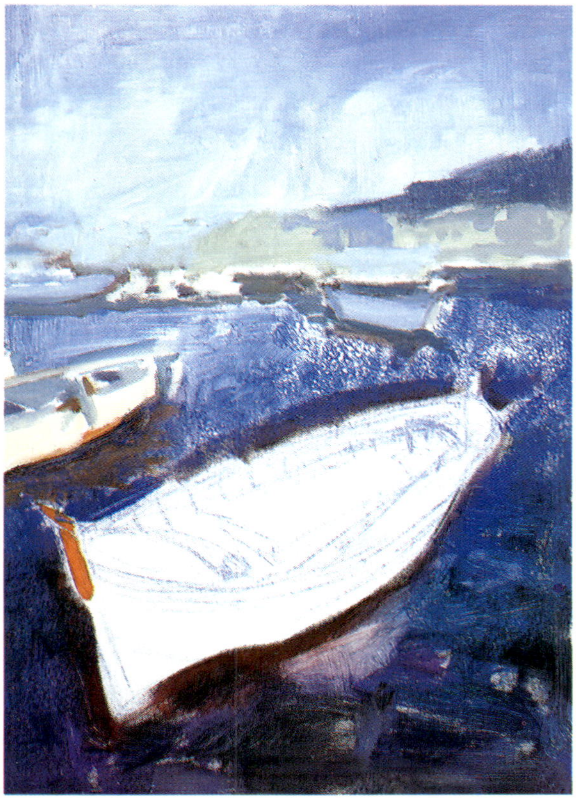

◄ **3.** Travaillez l'arrière-plan avec des tons de gris bleuté et de blanc pour donner une impression de profondeur. Reprenez les bateaux du fond avec un mélange bleu et blanc.

MATÉRIEL

- Toile sur châssis
- Crayon bleu
- Acryliques en tubes
- Pinceaux ronds et plats en soies de porc
- Gobelets d'eau
- Chiffons

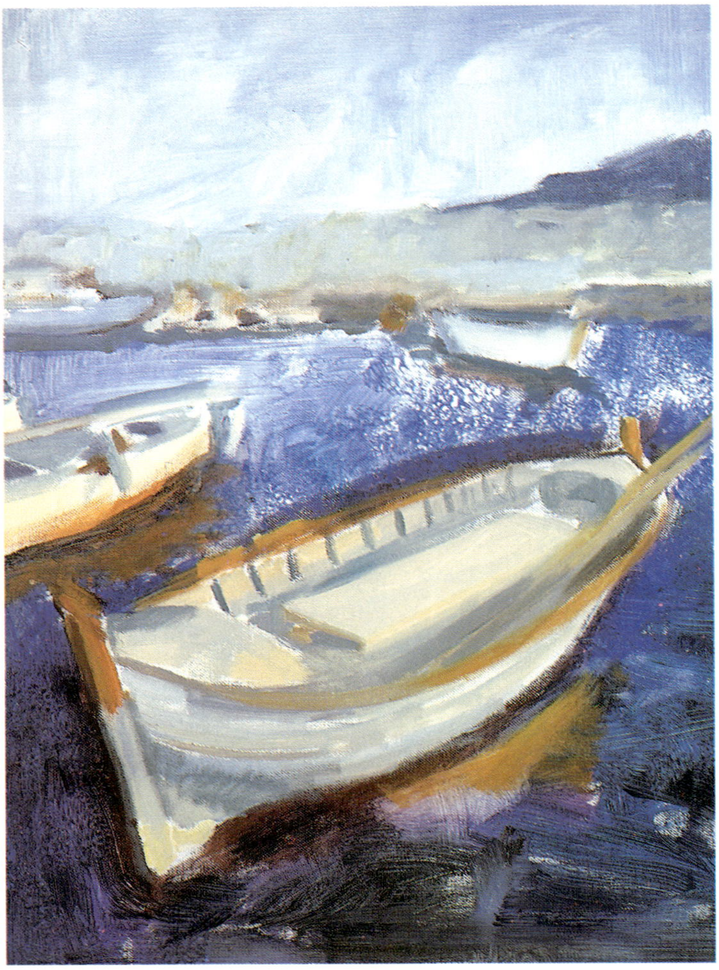

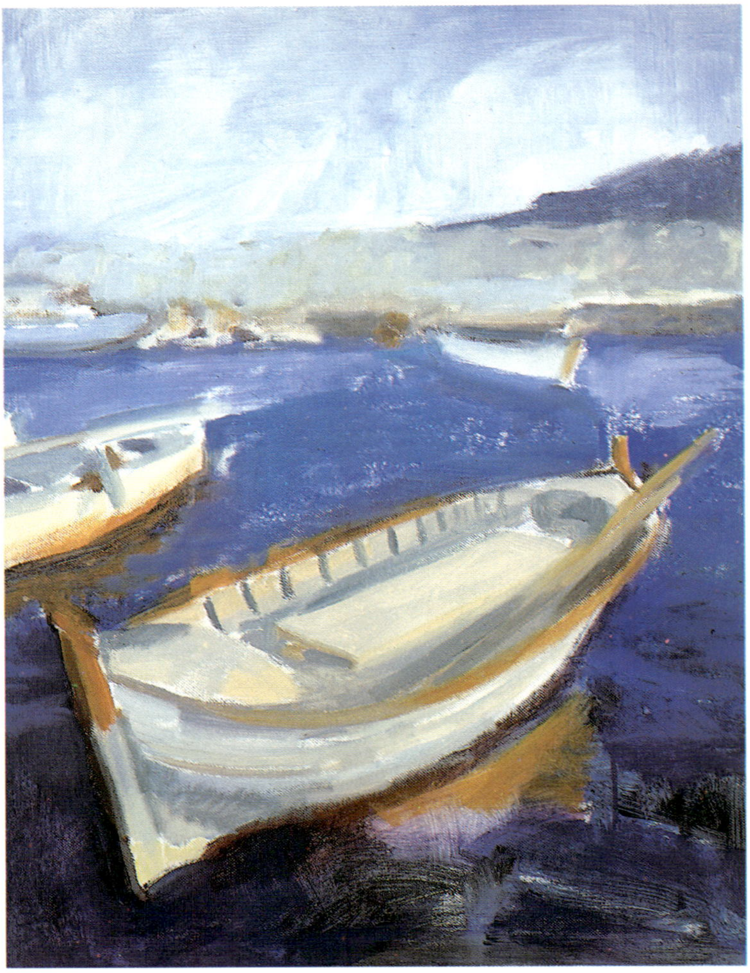

▲ **4.** Travaillez l'intérieur et la coque des barques avec une multitude de tons de gris bleuté et d'ocre pour marquer les contrastes ombre et lumière. Utilisez de l'orange pour la proue et les bords de la barque, et également pour les reflets sur l'eau.

▲ **5.** Augmentez l'intensité du bleu foncé qui entoure la barque centrale. Peignez la mer au second plan, avec un bleu de céruleum teinté de vert.

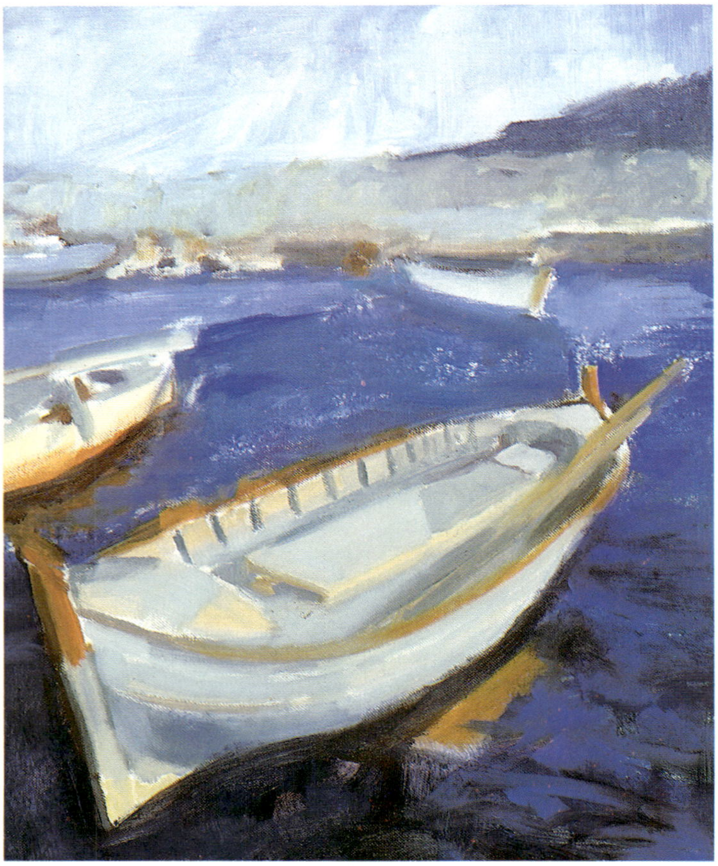

◄ **6.** Nuancez l'intérieur et la coque de la barque avec des gris atténués de blanc. Reprenez la mer au premier plan avec des bleus foncés et violacés pour matérialiser la profondeur de l'eau.

► **7.** Travaillez les détails, principalement de la barque. Définissez les bords, les rames, le cordage... par des longues touches de brun et d'orange. Placez quelques reflets orangés sur l'eau. Avec ces mêmes tons chauds, soulignez les contours des bateaux et le fond. Unifiez le ciel.

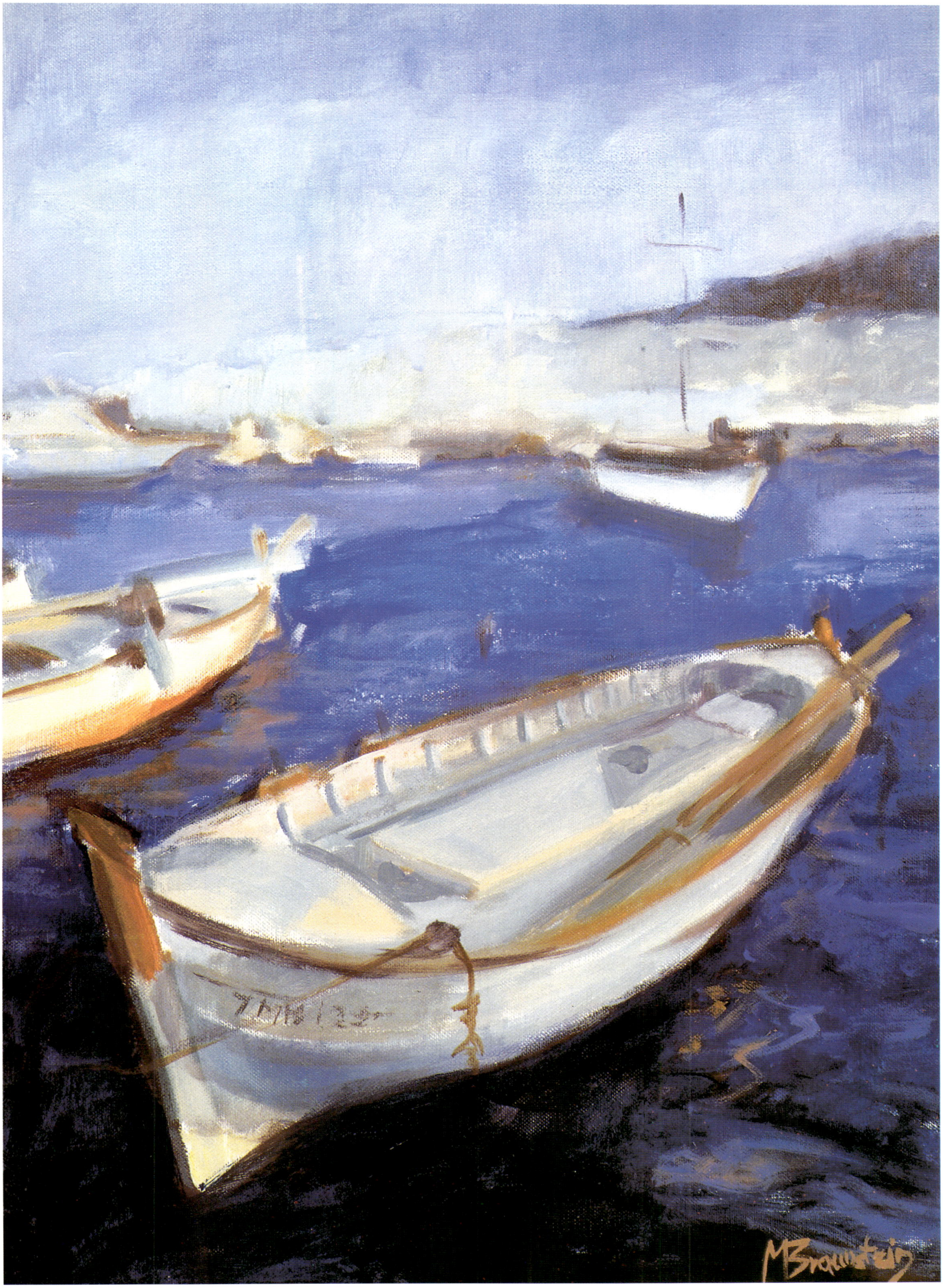
MBraunstein

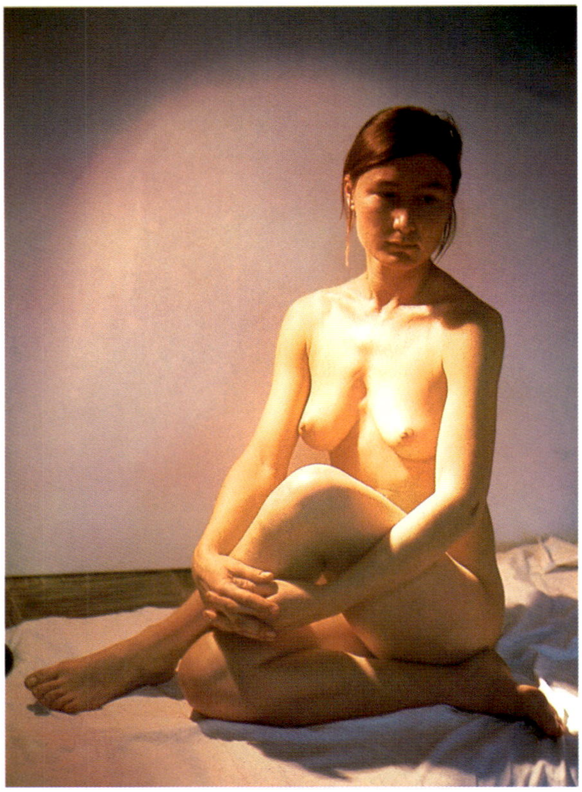

MODÈLE 8

Nu féminin assis

La peinture de nu repose sur l'étude des formes. L'éclairage du modèle est très important car il conditionne la bonne appréciation des contours et des volumes. Le modelé sera obtenu par des dégradés d'une même gamme chromatique mettant en relief les ombres et les lumières.

La carnation change d'un modèle à l'autre, et selon l'éclairage. Sur cette photo, la lumière directe éclaire fortement le buste, en laissant le visage et les jambes dans l'ombre. L'artiste a choisi une gamme de rouges et de roses pour rendre tout le relief.

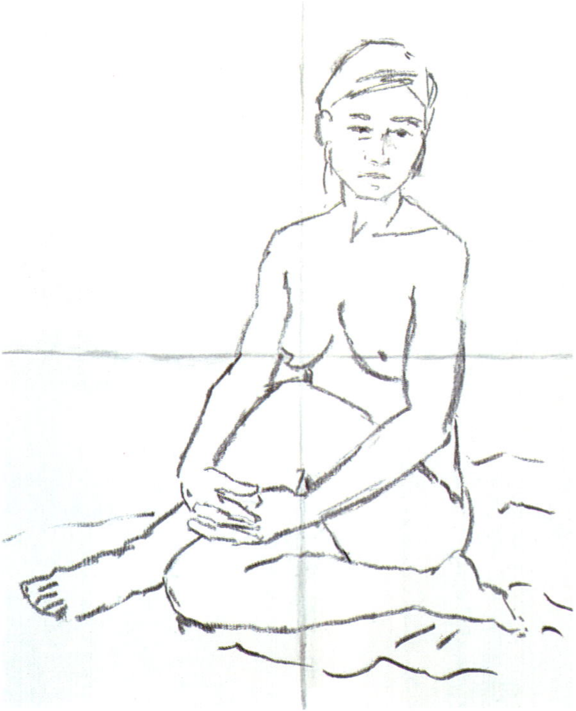

◄ **1.** Tracez les deux lignes médianes, ce qui vous aidera à placer le modèle. Dessinez au fusain le corps de la jeune femme : la pointe des seins se trouve sur la ligne médiane horizontale. La verticale passe par le haut de l'épaule, le sommet du genou, le poignet gauche et le milieu du mollet. Corrigez autant de fois que nécessaire.

MATÉRIEL

- Toile sur châssis
- Fusain
- Acryliques en tubes
- Pinceaux plats et ronds en soies de porc
- Gobelets d'eau
- Chiffons

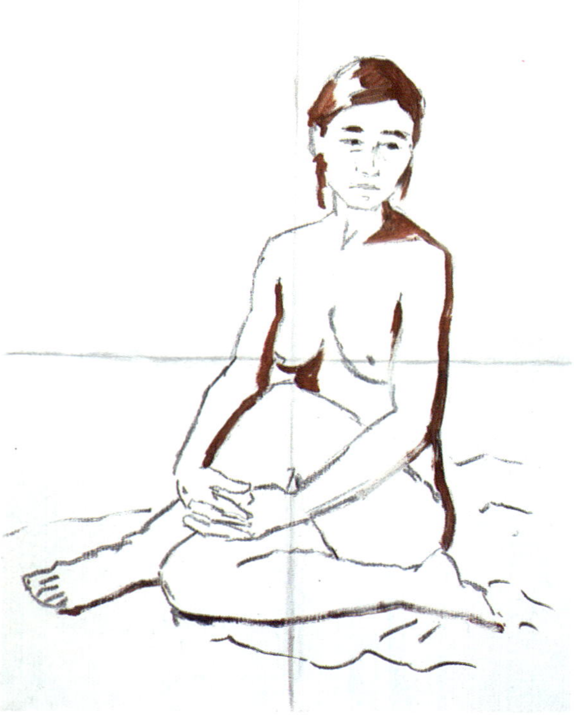

◄ **2.** Avec un pinceau fin chargé d'acrylique terre de Sienne, repassez sur le dessin en suivant le tracé initial. Ajoutez les premières zones d'ombre.

► **3.** Peignez les zones d'ombre avec un mélange de violet, carmin, blanc, orange et terre de Sienne. Variez les proportions. Derrière le modèle, posez un léger fond blanc cassé avec une pointe du mélange. Pour l'ombre sur le sol, ajoutez une pointe de bleu.

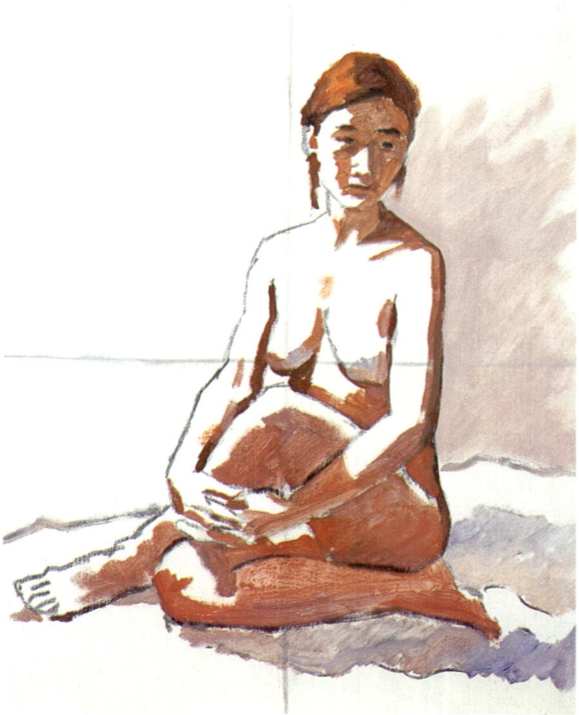

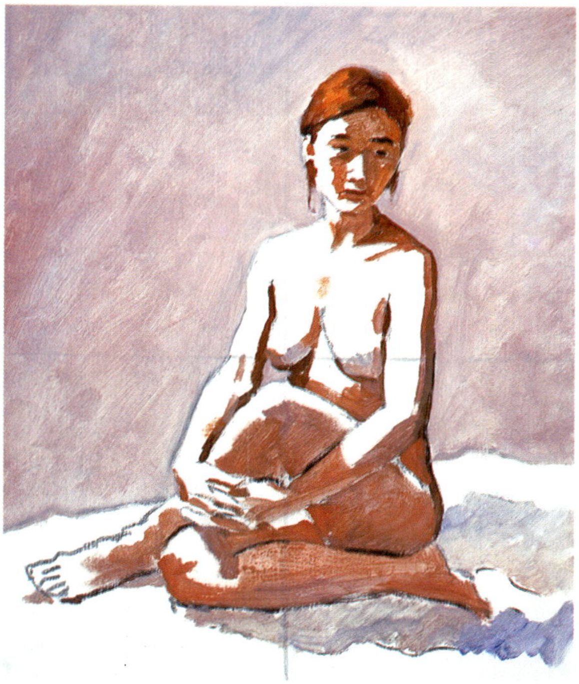

◄ **4.** Continuez le fond en appliquant une teinte violacée très chaude, atténuée avec du blanc, pour faire ressortir les zones de lumière du modèle.

► **5.** Reprenez les couleurs du sol tout autour du modèle avec le même mélange un peu plus blanc. Maintenant, le personnage peut être travaillé en tenant compte des tons qui l'entourent.

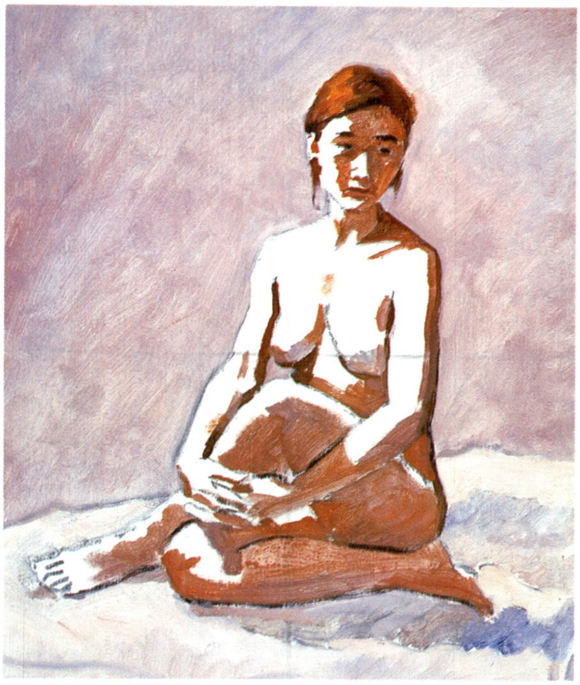

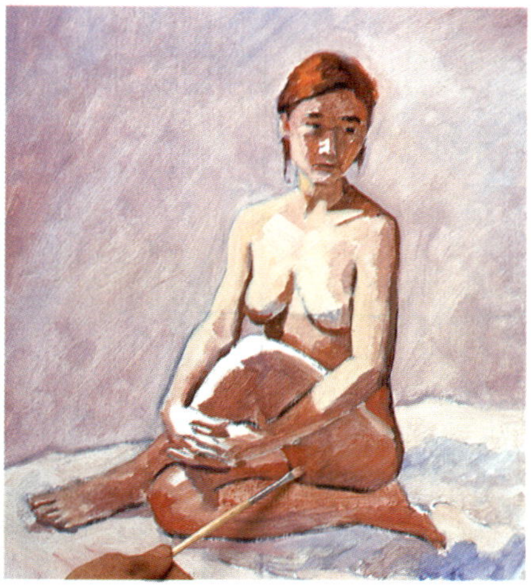

▲ **6.** Posez sur les zones les plus éclairées du buste et du visage un mélange très clair carmin et blanc. Renforcez les zones d'ombre.

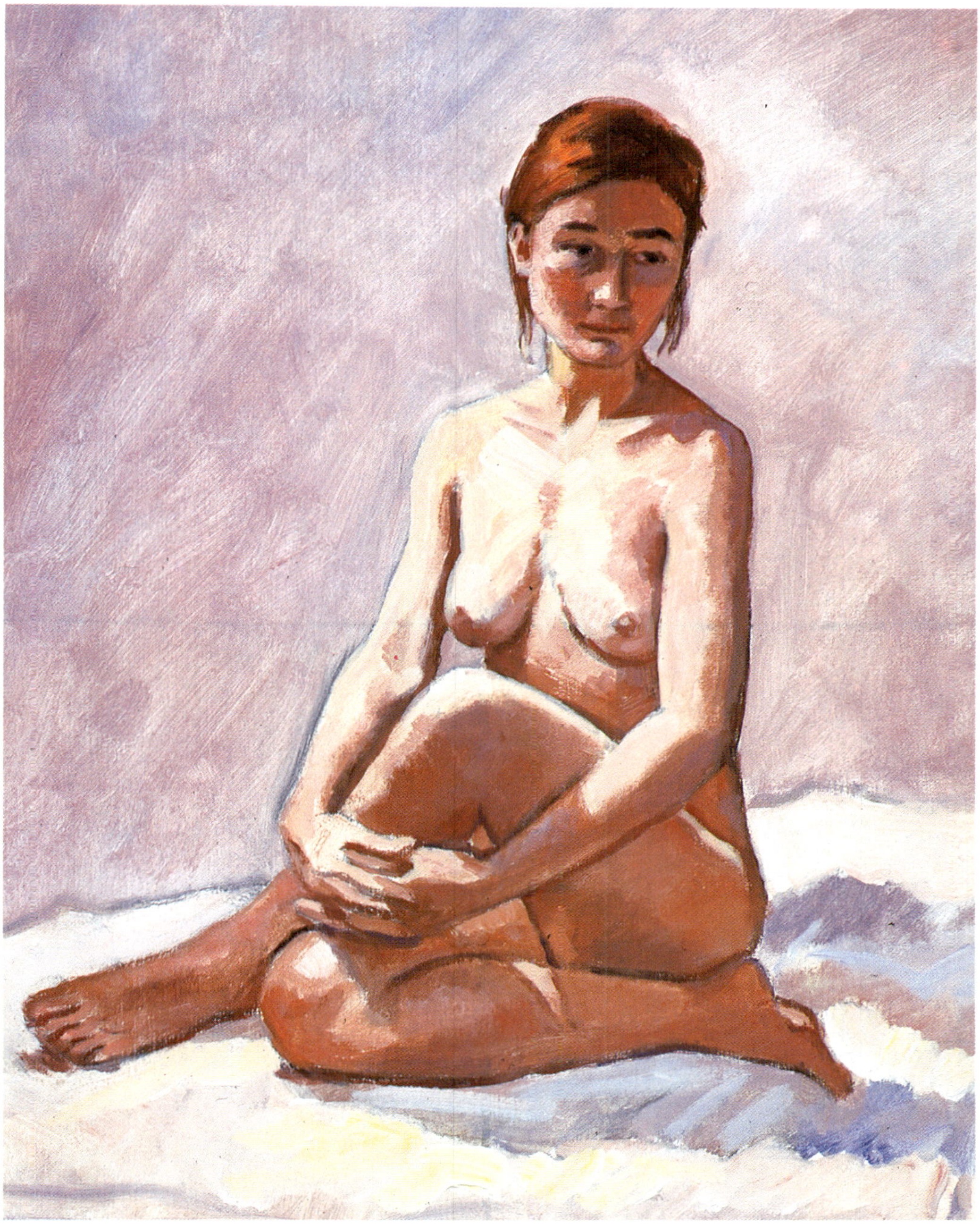

► **7.** Augmentez les contrastes entre les différentes parties du corps. Avec un pinceau fin, reprenez les contours et précisez les traits du visage. Placez des touches de blanc sur les genoux, l'intérieur du bras gauche et la poitrine pour souligner les lumières. Observez comment l'utilisation des mêmes couleurs pour travailler le fond et le sujet donne une grande unité à ce tableau.

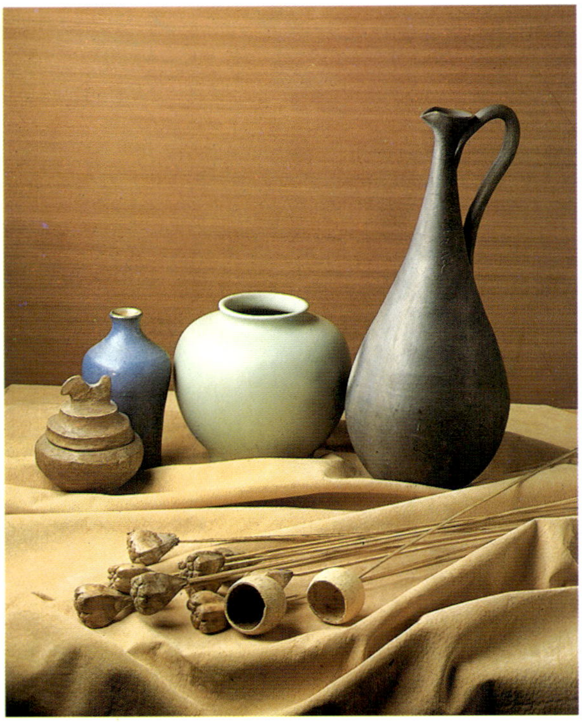

MODÈLE 9

Poteries

Cette nature morte rassemble des poteries qui se différencient par leurs formes et leurs teintes. L'éclairage latéral souligne les volumes et crée des ombres intéressantes à travailler, notamment dans les plis de la nappe. Le premier plan est animé par quelques fleurs séchées traitées dans les mêmes tons que le fond de la toile.

Ce sujet peut être peint rapidement avec la peinture acrylique, sans attendre le séchage complet des superpositions de couleurs. L'artiste a choisi pour cette nature morte une harmonie de tons chauds et une note plus froide sur le vase vert.

► **1.** Dessinez au fusain les différents éléments de la nature morte en respectant leurs proportions. Remarquez que la cruche à droite de la composition est deux fois plus haute que le vase vert. Tracez également les lignes des plis de la nappe et les tiges des fleurs.

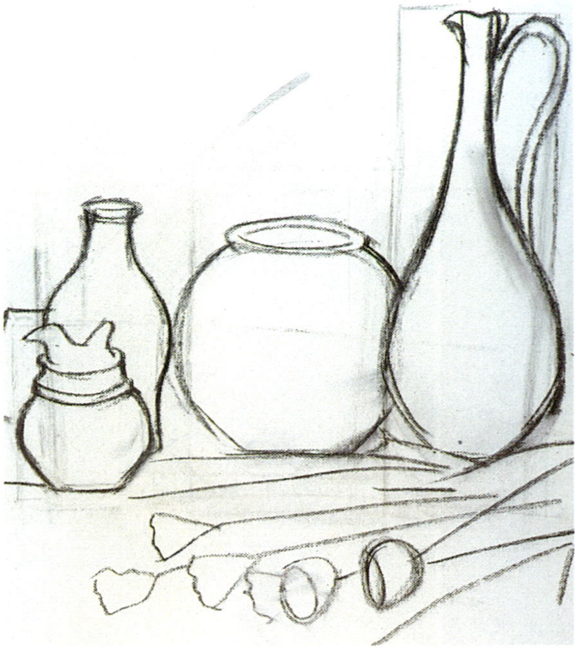

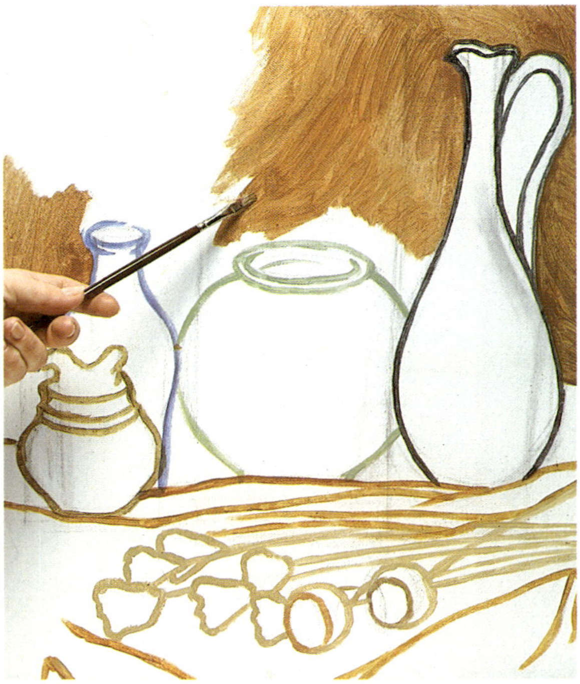

▲ **2.** Reprenez les traits du dessin avec un pinceau rond et fin. Utilisez de l'acrylique légèrement diluée de la couleur de chaque objet. Posez sur le fond un mélange ocre et terre de Sienne.

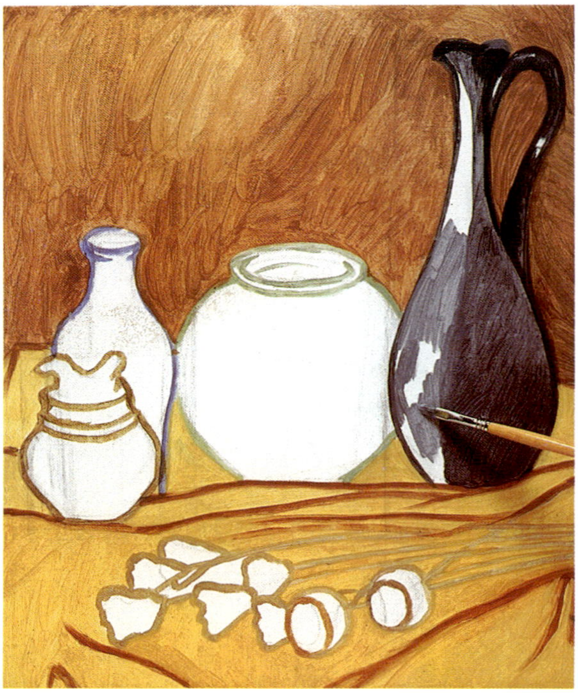

► **3.** Peignez la nappe avec un ocre jaune assez soutenu. Reprenez les plis de la nappe avec de la terre de Sienne. Commencez à peindre la cruche avec un gris foncé dans la partie sombre et un gris clair pour la zone éclairée.

MATÉRIEL

- Toile sur châssis
- Fusain
- Acryliques en tubes
- Pinceaux ronds et plats en soies de porc
- Gobelets d'eau
- Chiffons

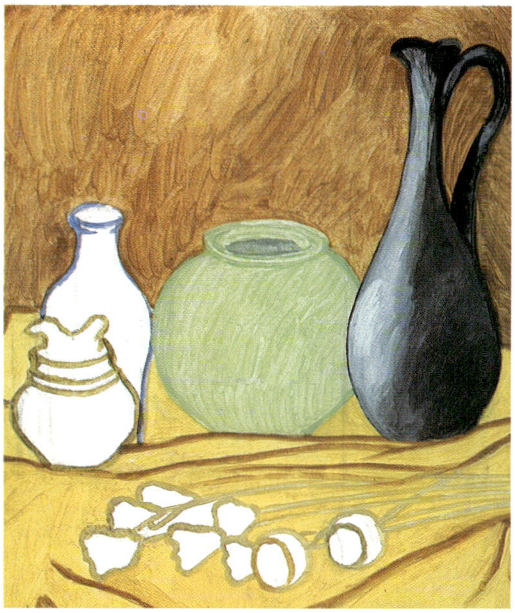

◄ **4.** Retravaillez les gris de la cruche sans attendre le séchage complet entre chaque couche. Peignez le vase rond avec un vert-jaune très atténué de blanc.

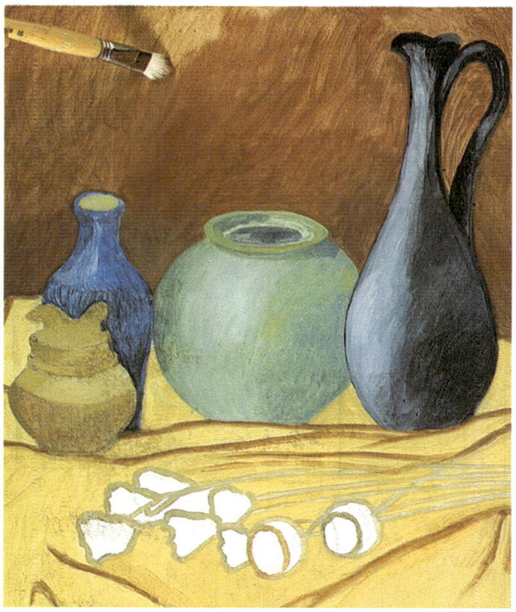

► **5.** Peignez les deux autres vases en bleu foncé et en brun. Travaillez les ombres sur toutes les poteries. Reprenez le fond en touches obliques avec un mélange ocre et terre de Sienne brûlée.

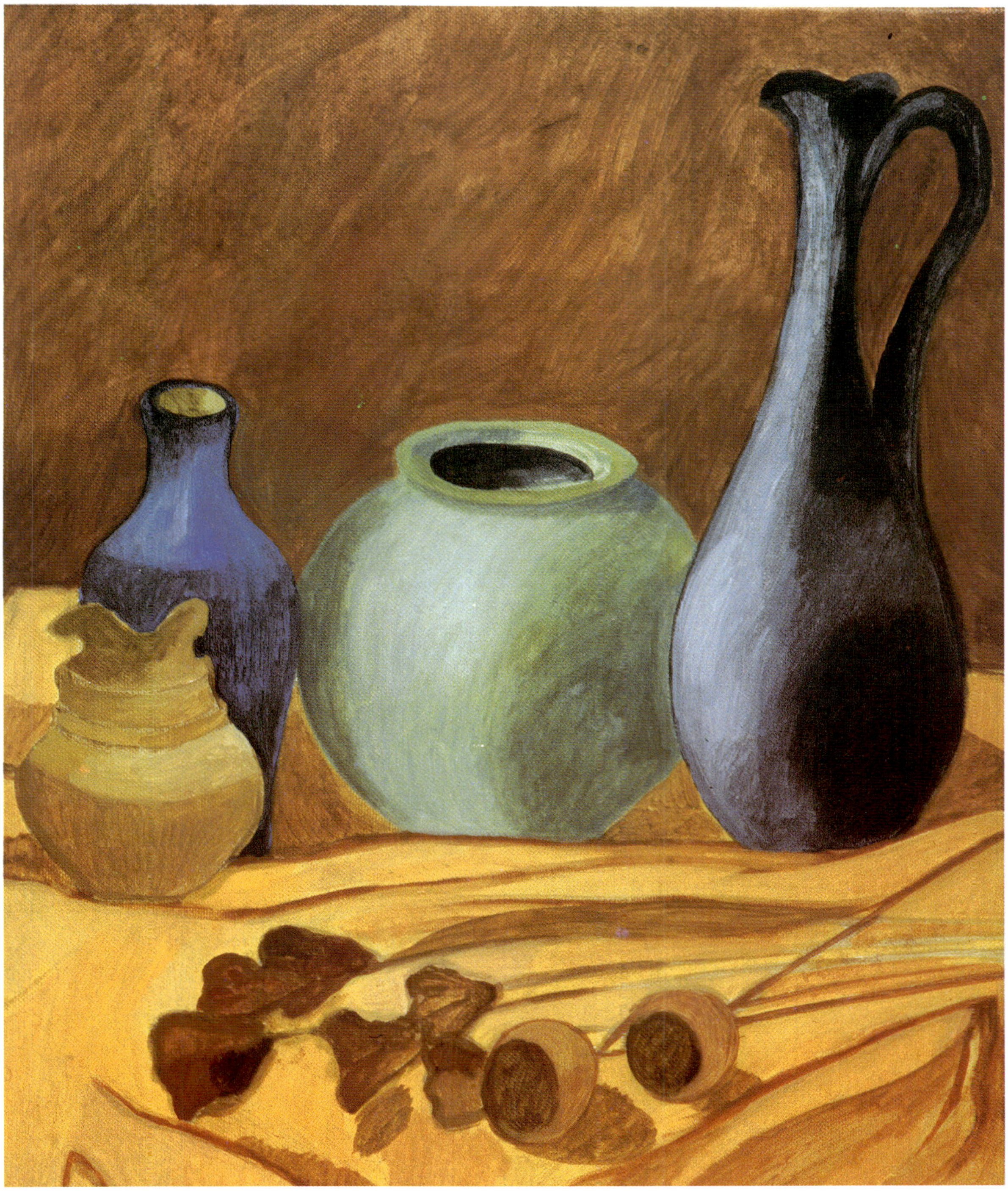

► **6.** Augmentez les contrastes sur les vases pour bien marquer les volumes. Assombrissez l'intérieur du vase vert. Reprenez les ombres sur la nappe et peignez les fleurs séchées avec un mélange ocre, terre de Sienne naturelle et brûlée.

MODÈLE 10

La chaise

Un sujet aussi banal que des vêtements posés sur une chaise dans une salle de bain peut donner lieu à une interprétation libre. À partir d'une simple photo noir et blanc, l'artiste a créé une composition aux formes équilibrées et aux couleurs harmonieuses. La peinture acrylique est utilisée ici en aplats de couleurs franches et vives qui séparent les différents plans.

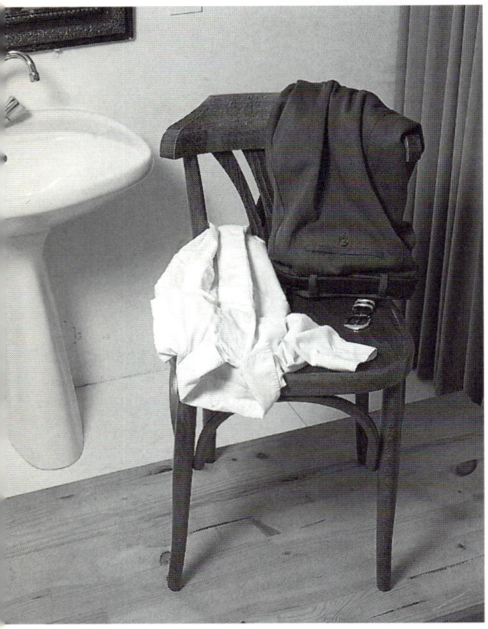

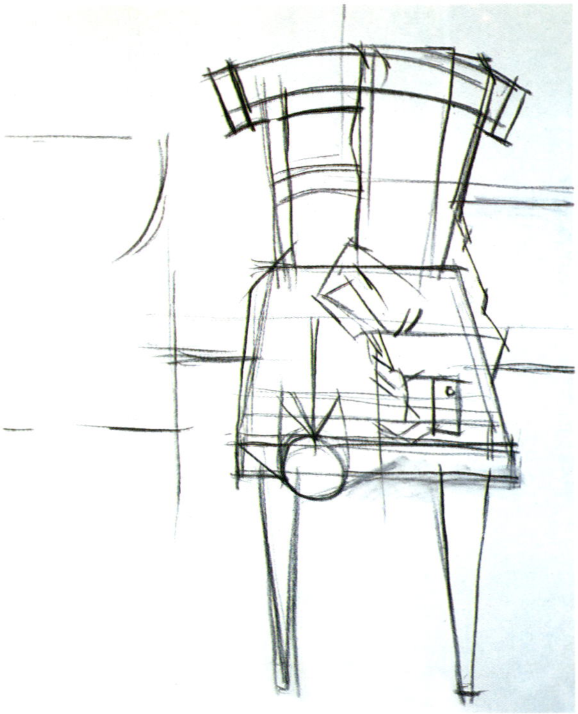

► **1.** Réalisez au fusain un croquis très géométrique. Il ne s'agit pas de représenter une perspective réelle, mais de tracer les différents plans de façon à ce que la vue frontale se combine avec une vision en plongée.

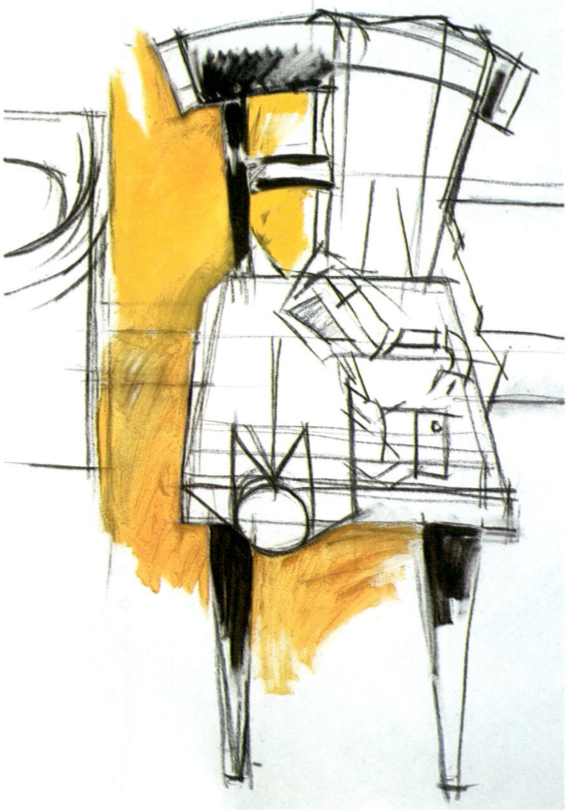

► **2.** Commencez par ébaucher le fond avec un jaune doré. Cernez la forme de la chaise. Les coups de pinceau effacent une partie du fusain. Peignez les pieds et le dossier de la chaise avec un brun très foncé.

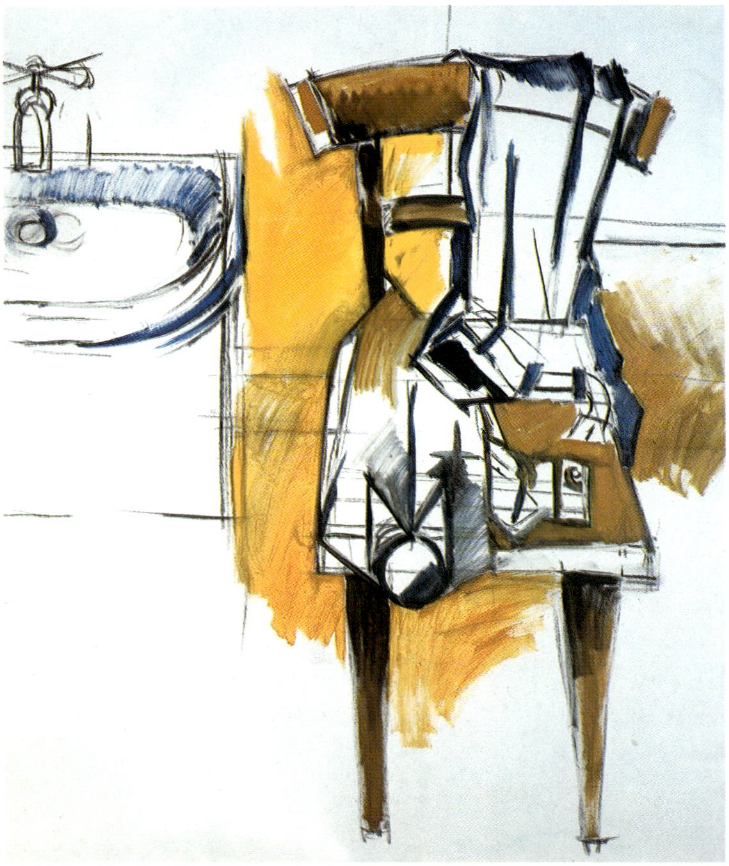

◄ **3.** Reprenez le dossier et les pieds de la chaise avec un mélange brun-jaune. Continuez à peindre le fond et l'assise de la chaise avec ce mélange plus ou moins clair. Soulignez le dessin du lavabo et des vêtements d'un trait d'acrylique noir et bleu.

MATÉRIEL

- Toile sur châssis
- Fusain
- Acryliques en tubes
- Pinceaux plats et ronds en soies de porc
- Crayon 2B
- Gobelets d'eau
- Chiffons

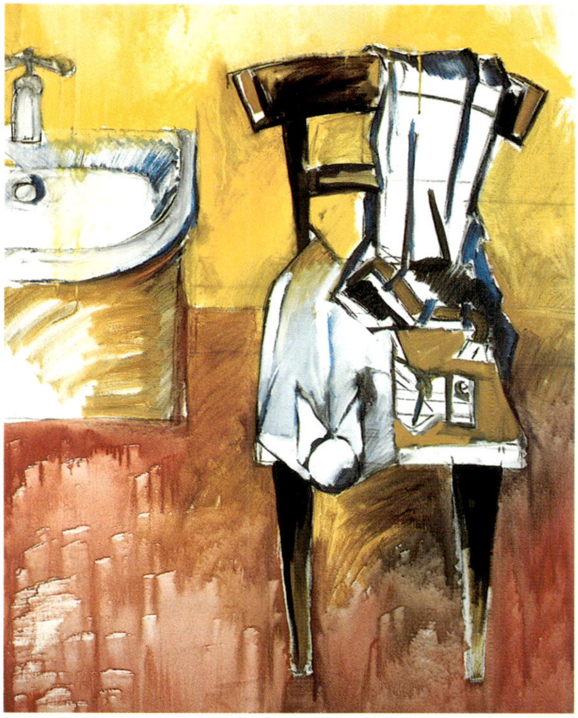

◄ **4.** Travaillez le mur du fond et le dessous du lavabo avec le jaune doré. Avec un carmin très délayé, peignez tout le bas de la toile. Passez un jus gris-bleu sur la chemise.

► **5.** Unifiez les fonds en superposant des aplats de couleurs. Assombrissez l'arrière-plan de la chaise. Travaillez le lavabo avec du blanc et quelques touches de bleu. Peignez le pantalon bleu de cobalt et noir. Terminez la chaise.

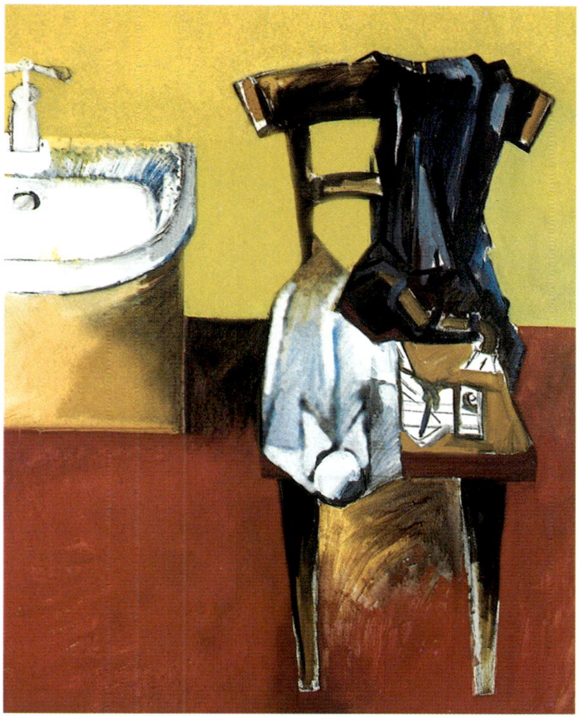

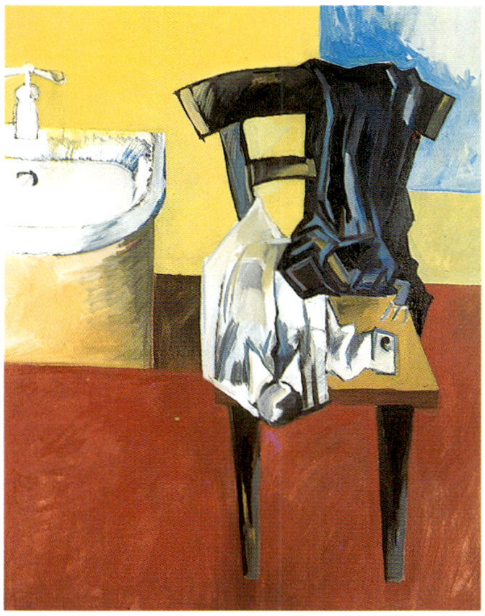

▲ **6.** Peignez la chemise avec plusieurs tons de gris et de blanc. Précisez les différentes tonalités de la chaise et le pantalon avec du noir et des tons gris clair. Ébauchez une fenêtre carrée derrière la chaise avec un bleu vif.

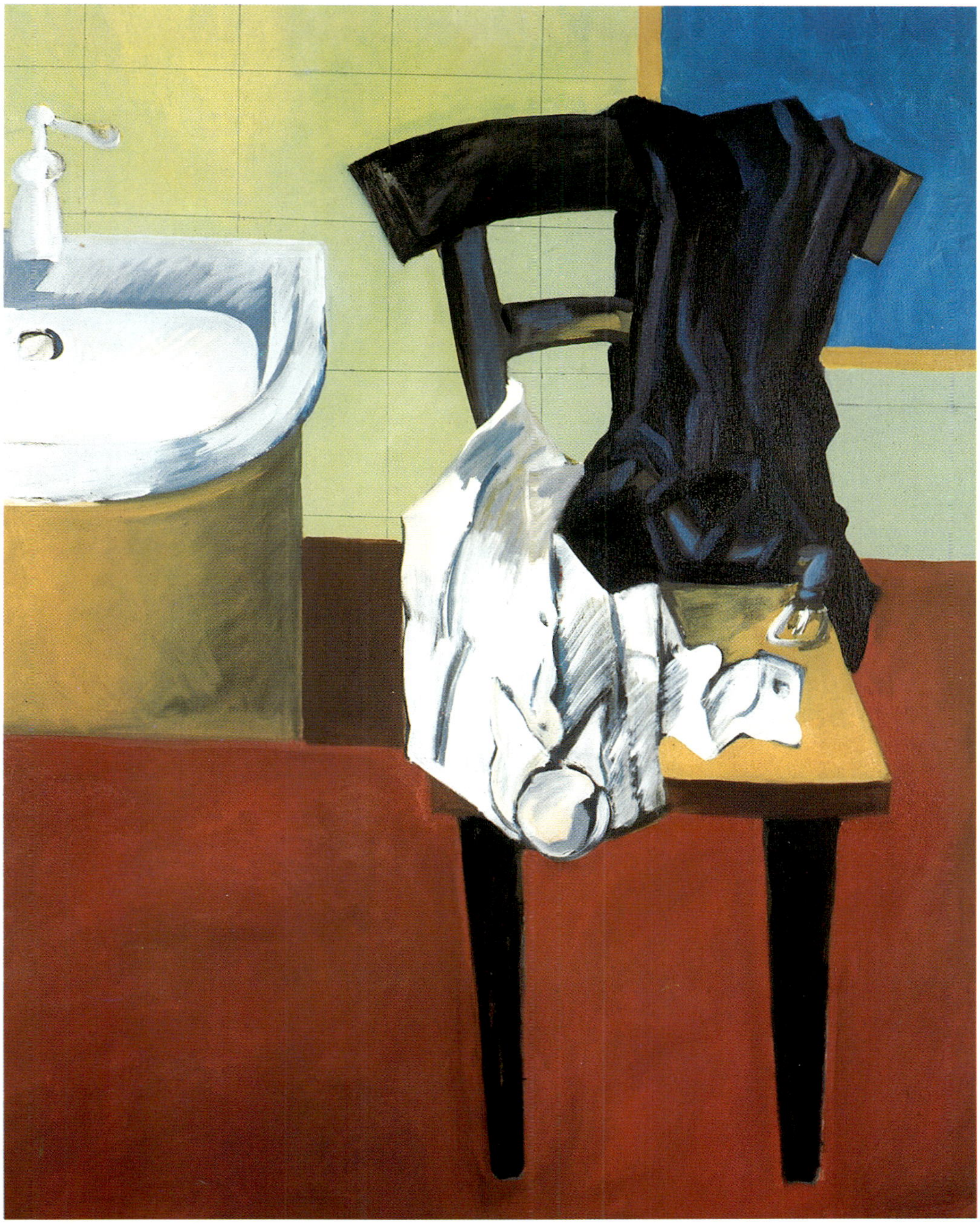

► **7.** Modifiez la couleur du fond pour obtenir un vert clair très lumineux. Quand il est sec, tracez au crayon les lignes du carrelage. Éclaircissez la chemise par quelques touches de blanc.

MODÈLE 11

Portrait

Peindre le portrait d'un parent ou d'un ami est toujours plus aisé car on en connaît les caractéristiques profondes. Plutôt que de rechercher une ressemblance absolument fidèle des traits, attachez-vous à rendre la spontanéité du sourire et du regard qui constituent la personnalité du modèle.

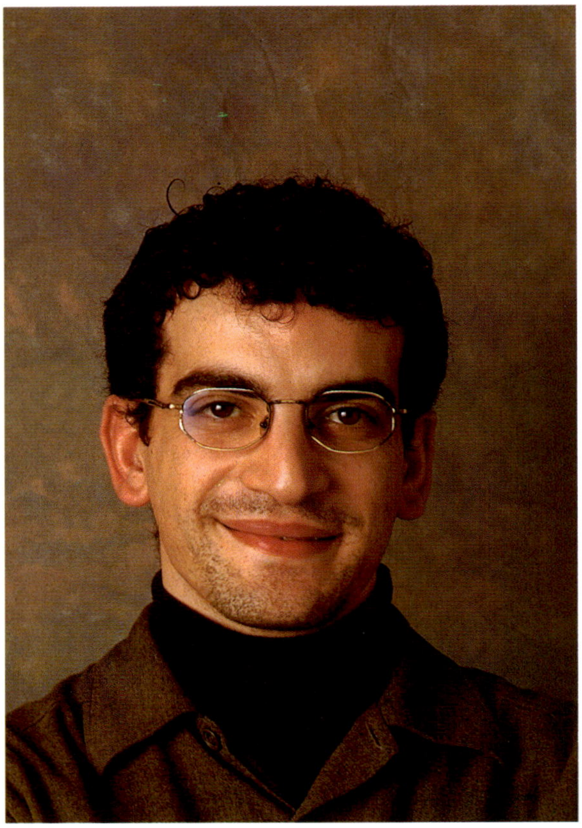

MATÉRIEL

- Toile sur châssis
- Fusain
- Acryliques en tubes
- Pinceaux ronds et plats en soies de porc
- Gobelets d'eau
- Chiffons

► **1.** Tracez les lignes médianes. Construisez le dessin autour de ces axes. La pointe du nez est située sur la ligne horizontale, à la jonction de la verticale. Dessinez tous les détails du visage et du col.

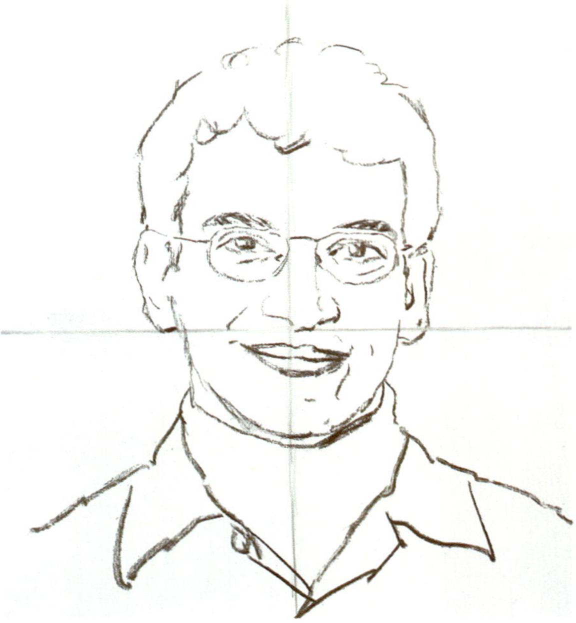

◄ **2.** Avec un pinceau fin et une couleur terre d'ombre foncée, reprenez le dessin avec précision. Avec le même ton, peignez les cheveux et l'encolure.

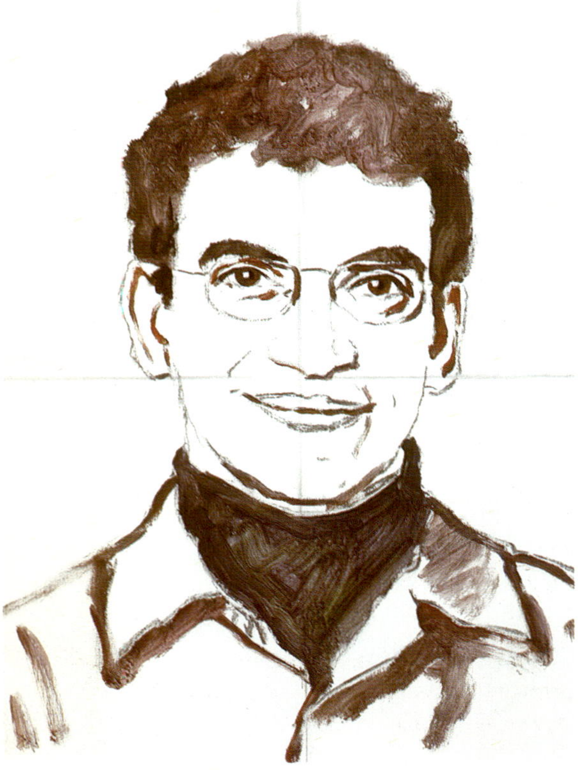

► **3.** Commencez à construire le visage par les zones d'ombre. Pour le côté droit et l'ombre du nez, utilisez un mélange de terre d'ombre brûlée, de carmin et de blanc. Posez sur le fond le même mélange éclairci avec du blanc et une pointe de violet.

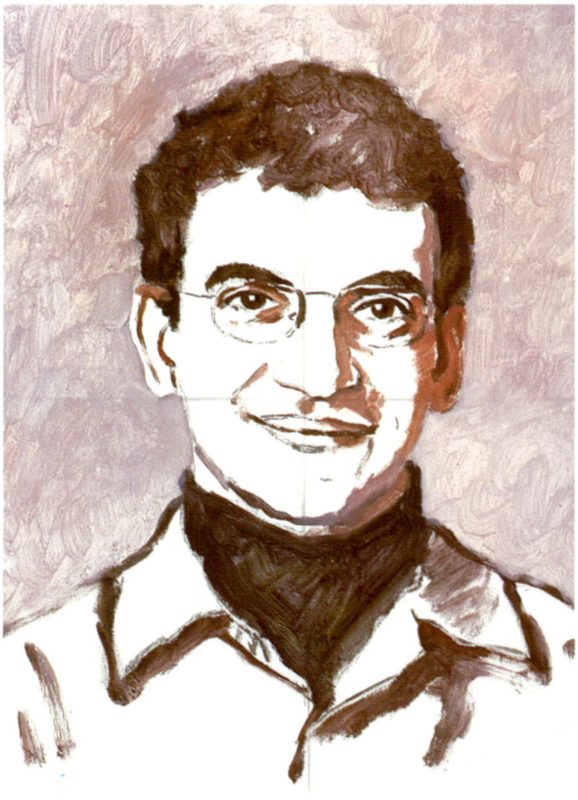

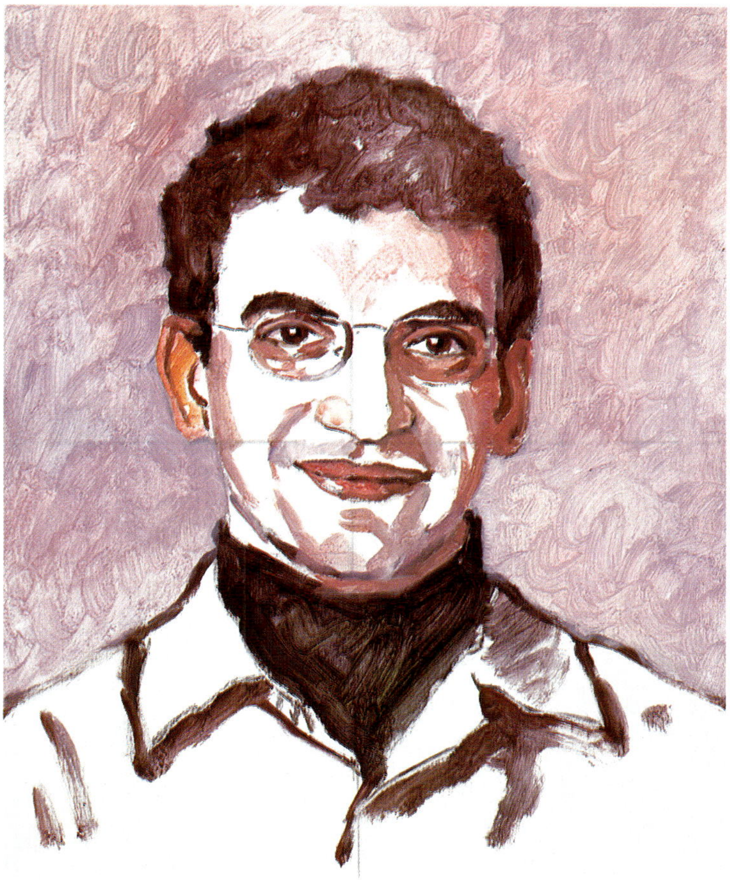

◀ **4.** Accentuez les traits et les ombres du visage avec le mélange précédent. Travaillez les yeux et les sourcils avec un ton plus foncé. Pour dessiner la bouche, ajoutez un peu de carmin. Soulignez le lobe de l'oreille droite du modèle avec une pointe d'ocre jaune.

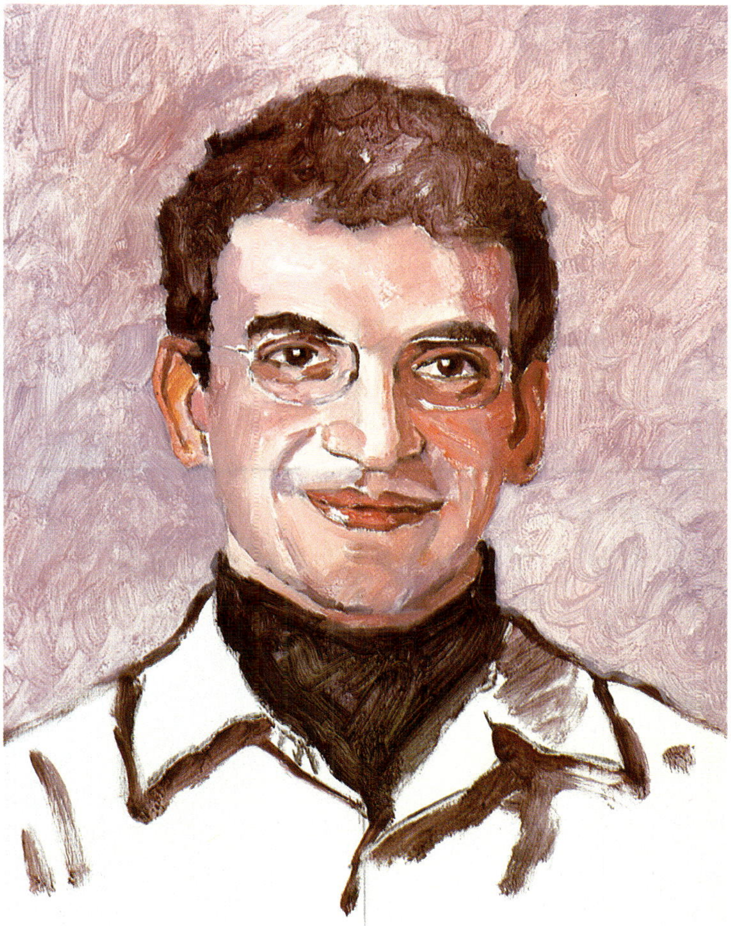

▲ **5.** Sans supprimer les traits qui structurent le visage, posez des tons clairs et lumineux sur le front, l'arête du nez, la joue droite. Laissez apparaître le blanc de la toile pour matérialiser la monture des lunettes. Renforcez les ombres du côté gauche en ajoutant une pointe de bleu dans les mélanges.

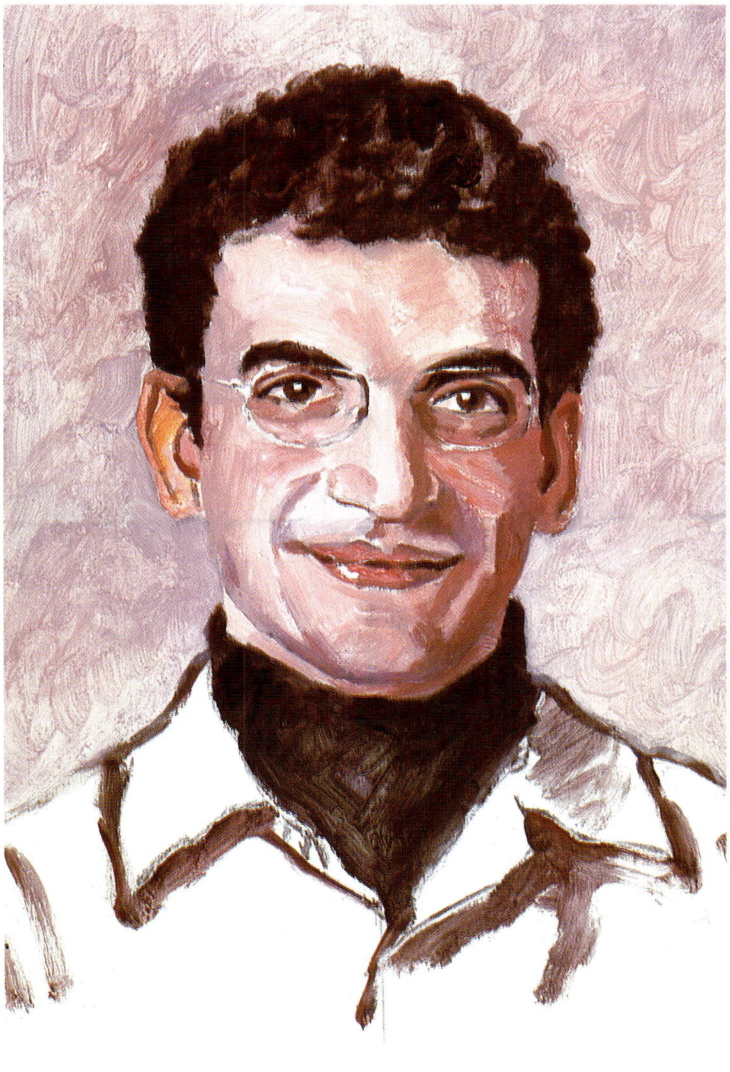

◀ **6.** Foncez les cheveux et le col roulé avec de la terre d'ombre brûlée. Laissez quelques notes claires dans les cheveux pour suggérer des reflets.

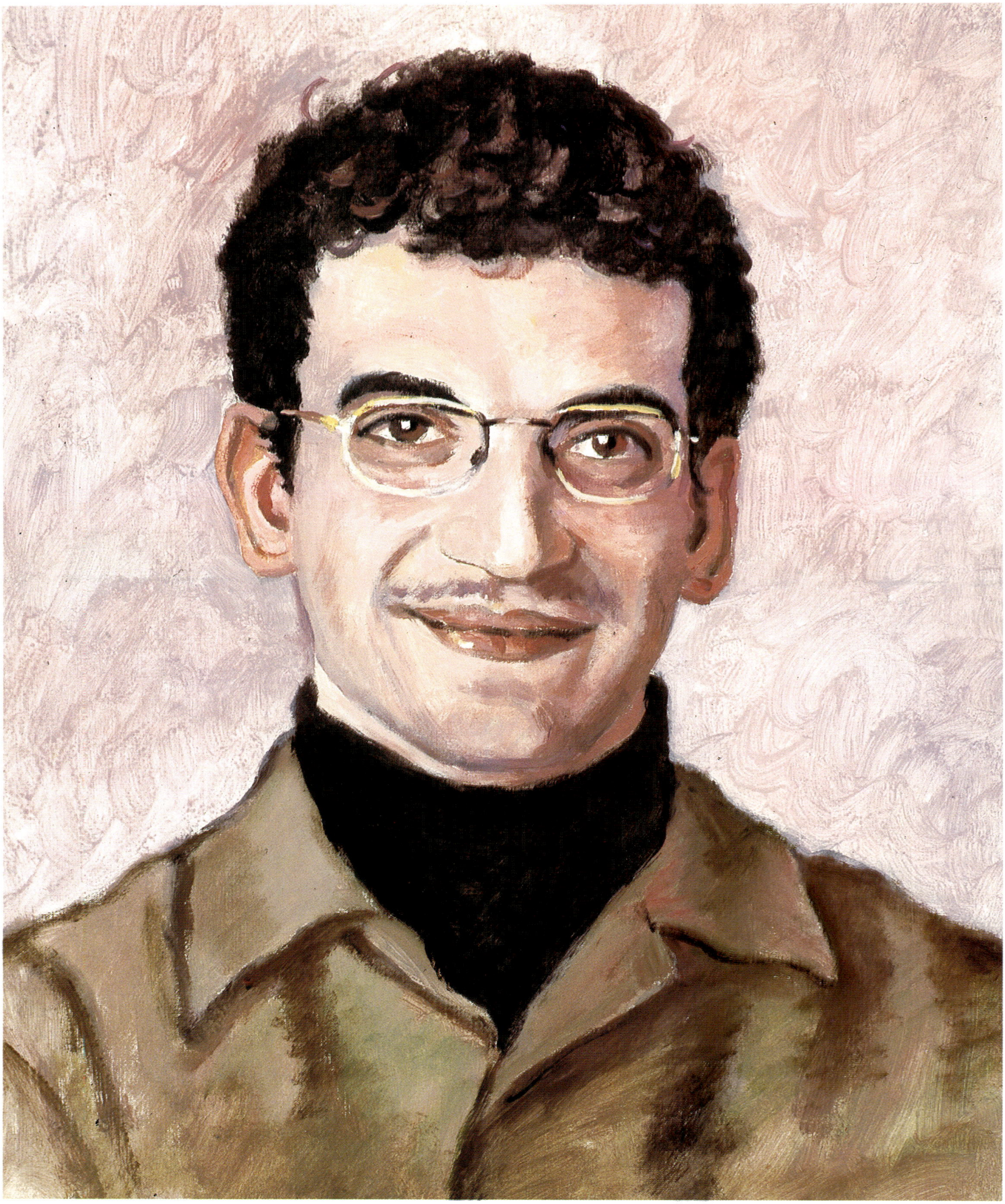

▲ **7.** Avec des tons intermédiaires, adoucissez les contrastes entre les zones d'ombre et de lumière du visage. Reprenez le dessin des lunettes avec un pinceau fin. Peignez la veste avec un mélange de terre d'ombre brûlée, de terre de Sienne et de vert avec un peu de rouge.

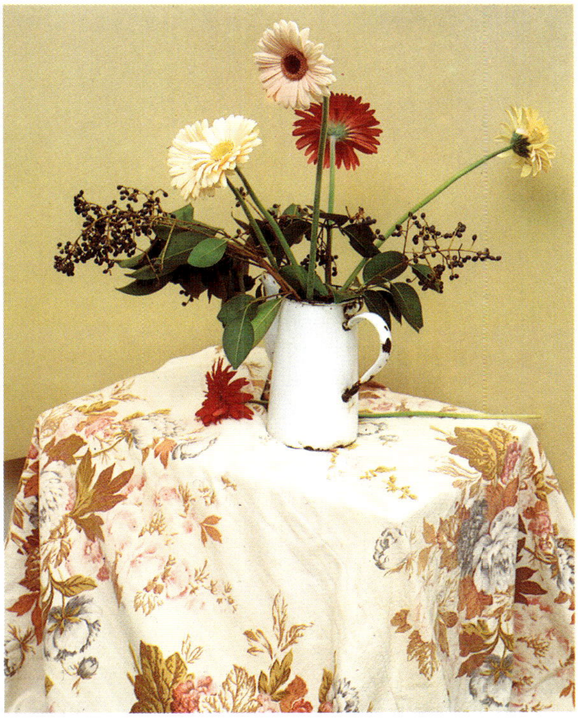

MODÈLE 12

Bouquet

Ce bouquet très simple est composé de gerberas et de feuillages réunis dans un pot de métal émaillé blanc. Il est placé sur une nappe imprimée de motifs floraux qui s'harmonisent avec le bouquet.

Ce tableau est peint dans des tons assez clairs et dilués. Seules les feuilles et les fleurs du bouquet sont traitées en touches opaques de couleurs vives.

► **1.** Réalisez un dessin assez libre, mais avec des traits fins. Chaque fleur s'inscrit dans une forme fermée ronde ou ovale.

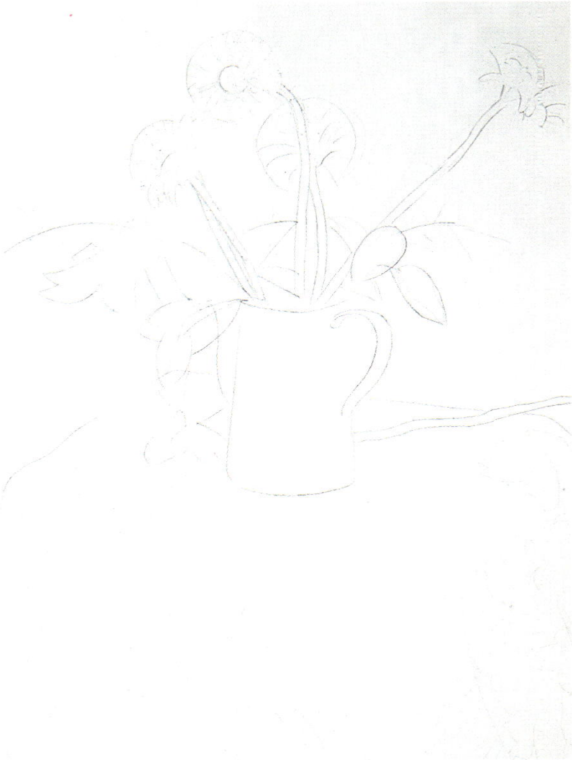

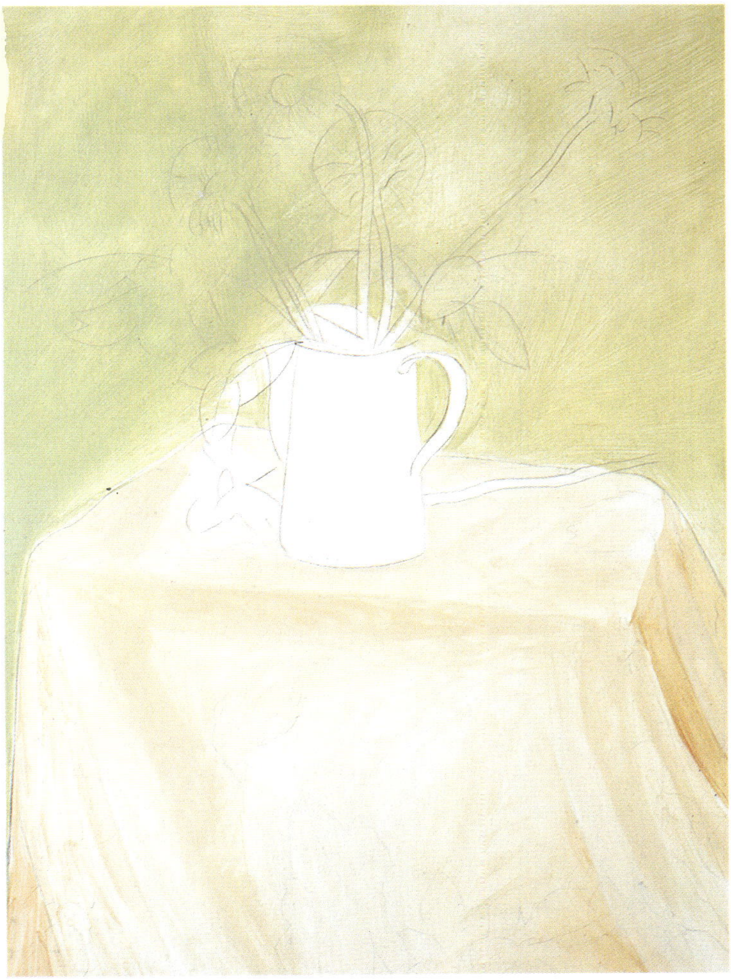

MATÉRIEL

- Toile sur châssis
- Crayon 2B
- Acryliques en tubes
- Médium acrylique
- Pinceaux ronds et plats en soies de porc
- Gobelets d'eau
- Chiffons

◄ **2.** Peignez le fond avec un vert très adouci de blanc et assez dilué pour ne pas couvrir le dessin. Utilisez un blanc mélangé avec de la terre de Sienne naturelle pour marquer les plis de la nappe.

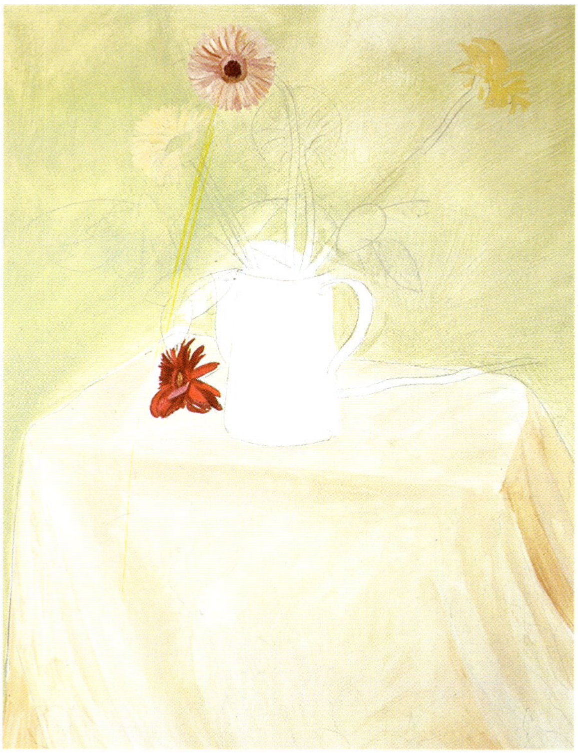

◄ **3.** Commencez à peindre les fleurs avec des couleurs denses, très peu diluées. Utilisez du rouge carmin presque pur, un mélange carmin et blanc et un jaune clair. Travaillez avec un pinceau rond et fin par petites touches épaisses.

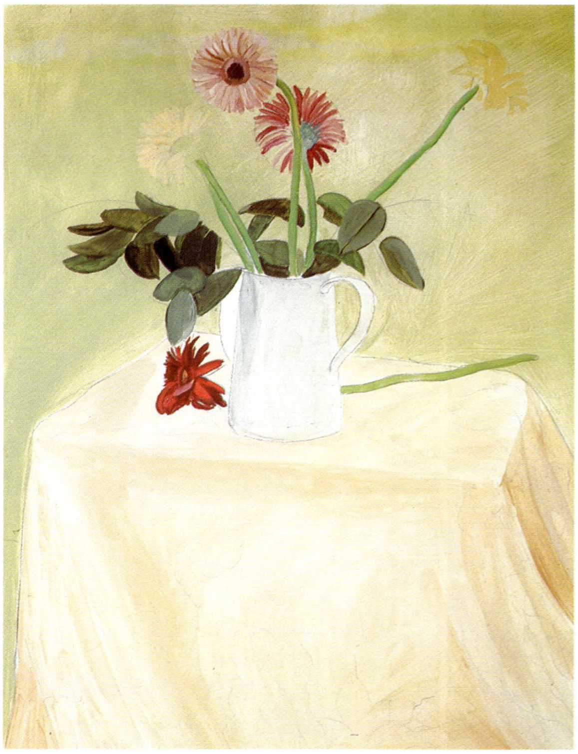

▲ **4.** Appliquez deux nuances de vert : pour les tiges, un vert lumineux mélangé avec du vert foncé et du blanc ; pour les feuilles, un vert olivâtre. Peignez le pot émaillé avec différentes tonalités de blanc et de gris bleuté.

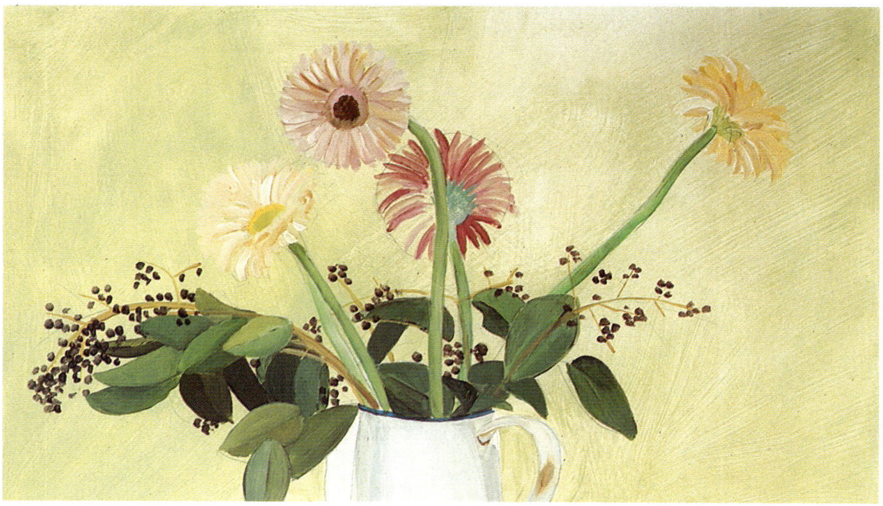

◄ **5.** Avec un pinceau très fin, dessinez les nervures des feuilles, les tiges ocre jaune et les petites baies rouge violacé.

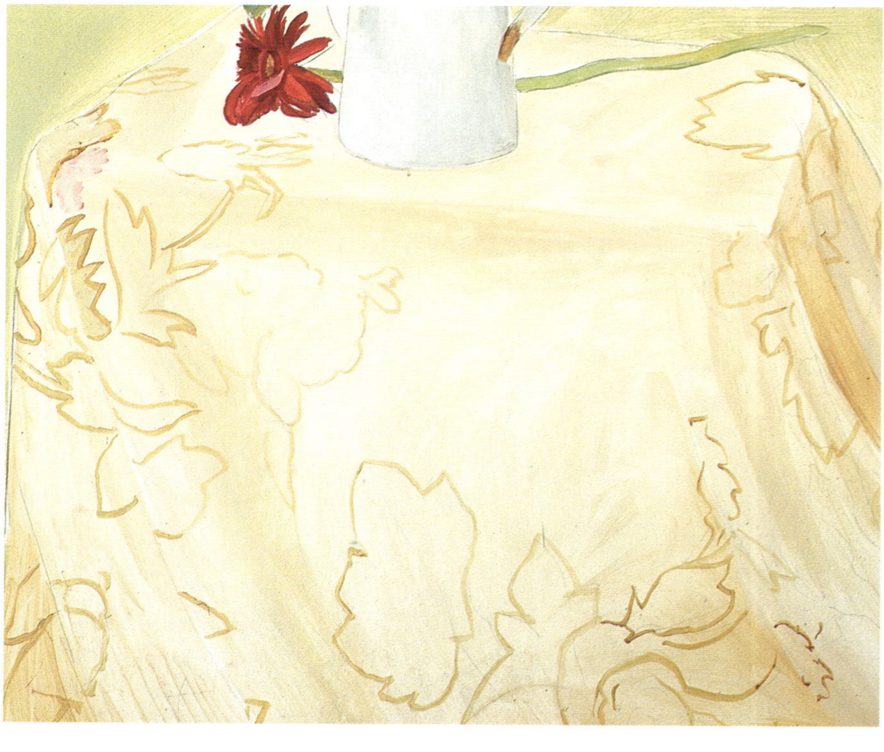

► **6.** Dessinez sur la nappe les contours des motifs imprimés avec un mélange d'ocre et de blanc dilué, presque transparent.

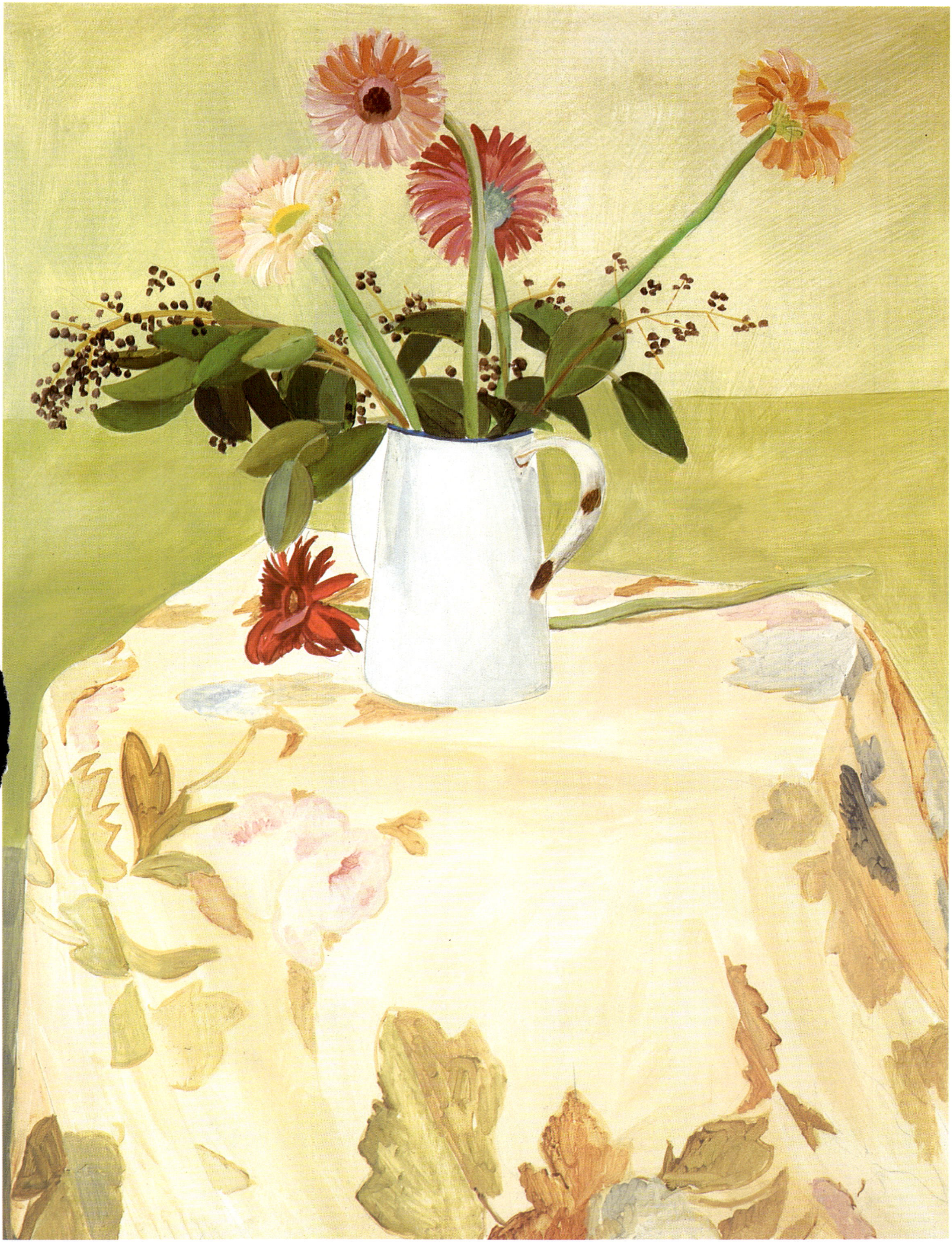

▲ **7.** Peignez les motifs de la nappe. Ajoutez du médium acrylique aux mélanges, ce qui permet d'obtenir de belles transparences sans que la peinture perde de sa consistance.

Conseils pratiques

La peinture acrylique
La peinture acrylique est commercialisée en pots ou en tubes de différentes contenances. Les grands pots de blanc et de couleurs primaires sont plus avantageux et se conservent longtemps si vous prenez soin de bien les fermer dès que vous avez prélevé la quantité nécessaire au travail en cours.

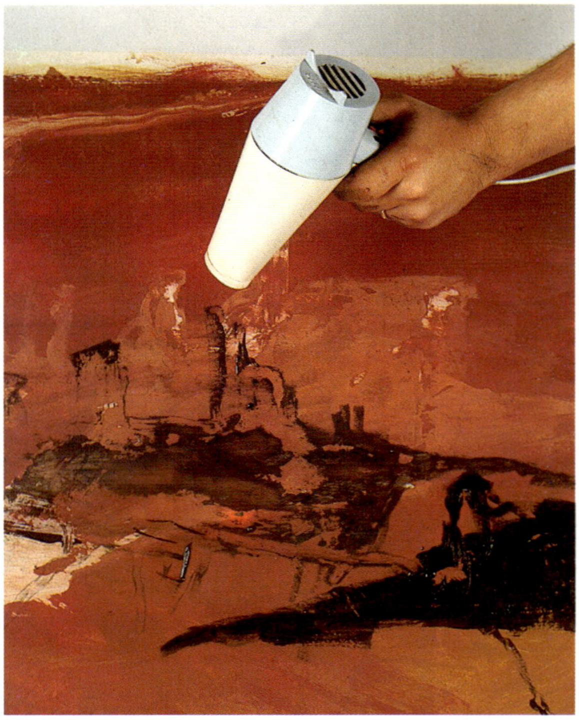

► Séchage
L'acrylique est une peinture à l'eau qui sèche naturellement assez vite. Cependant, vous pouvez en modifier le temps de séchage.
Pour un travail rapide, vous pouvez accélérer le séchage de l'acrylique en utilisant un sèche-cheveux ou en plaçant votre peinture près d'un radiateur. Sur une couche déjà sèche, vous pouvez posez une nouvelle couleur qui ne se mélangera pas à la précédente.
Au contraire, si vous voulez ralentir le temps de séchage, ajoutez à la couleur un peu de médium retardateur en gel.

Épaississement
Vous pouvez augmenter la densité de la peinture acrylique en ajoutant un gel épaississant à la couleur sur la palette.

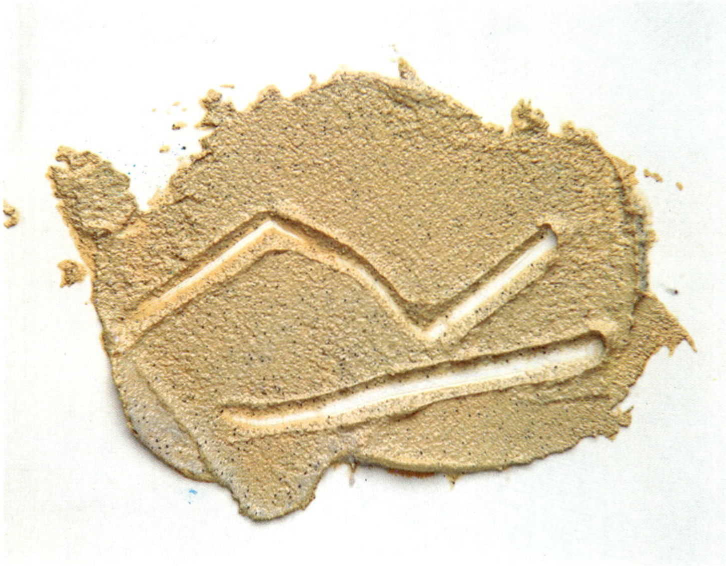

▲ Textures
Pour créer des effets de matières vous pouvez ajouter toutes sortes de matériaux à la peinture acrylique comme de la poudre de marbre, du sable lavé, de la sciure de bois, etc. On lie ces matériaux aux couleurs avec un gel médium acrylique.
Il existe aussi le commerce des gels de texture, prêts à l'emploi, qui peuvent être mélangés aux peintures acryliques, pour obtenir de multiples effets.

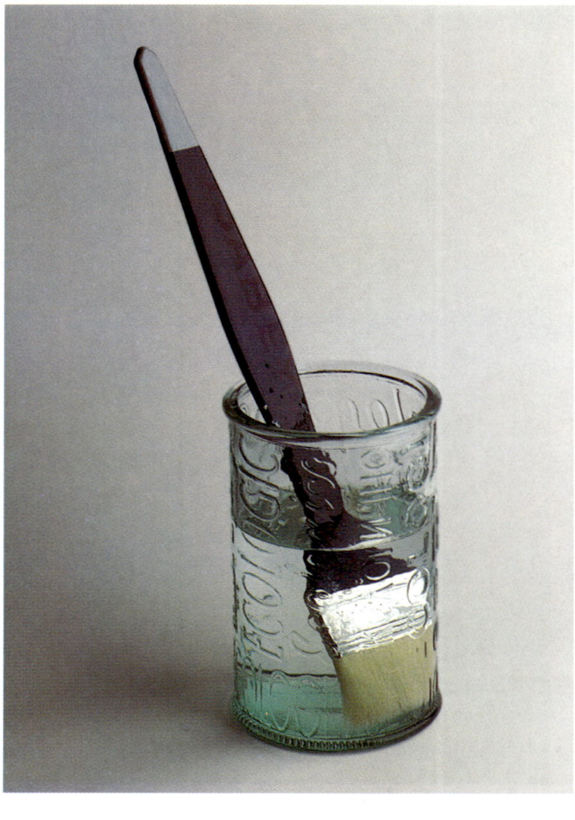

► Entretien des pinceaux
Pour éviter que l'acrylique sèche sur vos pinceaux, laissez-les tremper dans l'eau pendant toute la durée du travail. Après chaque séance, lavez-les très soigneusement à l'eau tiède et au savon doux pour enlever toute trace de peinture. Rincez-les et reformez la touffe de poils avec les doigts. Rangez-les touffes en l'air ou à plat.